U0632014

青少年美绘版经典名著
QINGSHAONIAN MEIHUIBAN JINGDIAN MINGZHU
·····【经典收藏】·····

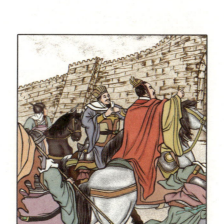

（春秋）孙武 著

崔钟雷 编译

SUNZIBINGFA｜孙子兵法

浙江人民出版社
ZHEJIANG PEOPLE'S PUBLISHING HOUSE

从诸子蜂起、处士横议的百家争鸣，到大师辈出、人文昌盛的文艺复兴，从闪耀着智性之光的启蒙书籍，到弥漫着天真之趣的童话寓言，几千年来，中外文坛一直人才辈出，灿若星辰，佳作更是斗量车载，形形色色。面对如此浩繁的作品，为了让青少年朋友品读到纯正的文化典籍，畅游于古今之间，我们精心编排了本套经典名著丛书。

本套"青少年美绘版经典名著书库"撷取世界文学中的精华，涉及中外名家经典小说、诗歌、杂文、散文等作品，让你充分领略大师的文学风采；甄选中华国学读物《孙子兵法》《古文观止》《诗经》等，让你从博大精深的中国传统文化中汲取营养；品鉴外国文学名著《小王子》《少年维特之烦恼》等，让你和高尚的人谈话，树立坚定的信念；阅读传记、散文《名人故事》《朱自清散文集》等，让你窥见历史的缩影、沐浴睿智的人文光芒……

本套丛书的编排方式以体裁为纲，选取集知识性、趣味性、教育性于一体的经典名著，更有大量与作品内容相得益彰的精美绘图，达成文本阅读与艺术欣赏的相互促进，从而使青少年能够保持一种活泼的读书状态，让他们真正能够走进文学殿堂，获得文学的滋养，领略文学之美。如果这一增长见识、愉悦身心的精神盛宴能够得到青少年朋友的喜爱，那将是我们最大的幸福和希翼。

SUNZIBINGFA | 孙子兵法

目 录
MULU CONTENTS

青 | 少 | 年 | 美 | 绘 | 版 | 经 | 典 | 名 | 著 | 书 | 库

QINGSHAONIAN MEIHUIBAN JINGDIAN MINGZHU SHUKU

················ 【经典收藏】················

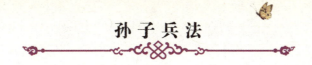

❀ 计① 篇 ❀

原文

孙子曰：兵②者，国之大事，死生之地，存亡之道，不可不察也。

故经之以五事③，校(jiào)之以计而索其情④：一曰道⑤，二曰天，三曰地，四曰将，五曰法。道者，令民于上同意也⑥，故可以与之死，可以与之生，而民不畏危也。天者，阴阳⑦、寒暑、时制⑧也。地者，远近、险易、广狭、死生⑨也。将者，智、信、仁、勇、严⑩也。法者，曲制⑪、官道⑫、主用⑬也。凡此五者，将莫不闻，知之者胜，不知之者不胜⑭。故校之以计而索其情，曰：主孰有道⑮？将孰有能⑯？天地孰得⑰？法令孰行？兵众孰强⑱？士卒孰练⑲？赏罚孰明？吾以此知胜负矣⑳。

将听吾计，用之必胜，留之；将不听吾计，用之必败，去之。

计利以听，乃为之势㉑，以佐其外㉒。势者，因利而制权也㉓。

兵者，诡道也。故能而示之不能㉔，用而示之不用㉕，近而示之远，远而示之近㉖。利而诱之，乱而取之，实而备之㉗，强而避之，怒而挠之㉘，卑而骄之㉙，佚(yì)而劳之，亲而离之㉚，攻其无备，出其不意。此兵家之胜㉛，不可先传也㉜。

夫未战而庙算㉝胜者，得算多也㉞；未战而庙算不胜者，得算少也。多算胜，少算不胜，而况于无算乎㉟！吾以此观之，胜负见矣㊱。

注释

①计：预计、计算的意思。这里指战前通过对敌我双方客观条件的分析，对战争的胜负作出预测、谋划。

②兵：本义为兵械。《说文》："兵，械也。"后逐渐引申为兵士、军队、战争等。这里作战争解。

③经之以五事：经，度量、衡量。五事，指下文的"道、天、地、将、法"。此句意谓要从五个方面分析、预测。

④校之以计而索其情：校，衡量、比较。计，指筹划。索，探索。情，情势。这里指敌我双方的实情，战争胜负的情势。全句意思为：通过比较双方的谋划，来探索战争胜负的情势。

⑤道：本义为道路、途径，引申为政治主张。

⑥令民于上同意也：令，使、让的意思。民，普通民众。于，同"与"。上，君主、国君。意，意愿、意志。令民于上同意，意为使民众与国君统一意志，拥护君主的意愿。

⑦阴阳：指昼夜、晴雨等不同的气象变化。

⑧时制：春、夏、秋、冬四季时令的更替。

⑨死生：指地形条件是否利于攻守进退。死，即死地，进退两难的地域。生，即生地，易攻能守之地。

⑩智、信、仁、勇、严：智，智谋才能。信，赏罚有信。仁，爱抚士卒。勇，勇敢果断。严，军纪严明。此句是孙子提出的作为优秀将帅所必须具备的五德。

⑪曲制：有关军队的组织、编制、通信联络等具体制度。

⑫官道：指各级将吏的管理制度。

⑬主用：指各类军需物资的后勤保障制度。主，掌管；用，物资费用。

⑭知之者胜，不知之者不胜：知，知晓，这里含有深刻了解、确实掌握的意思。此句意思是说，对五事（道、天、地、将、法）有深刻的了解并掌握运用得好，就能胜，掌握得不好，则不胜。

⑮主孰有道：指哪一方国君政治清明，拥有民众的支持。孰，谁，这里指哪一方。有道，政治清明。

⑯将孰有能：哪一方的将领更有才能。

⑰天地孰得：哪一方拥有天时、地利。

⑱兵众孰强：哪一方的兵械锋利，士卒众多。兵，此处指的是兵械。

⑲士卒孰练：哪一方的军队训练有素。练，娴熟。

⑳吾以此知胜负矣：我根据这些情况来分析，即可预知胜负之归属了。

㉑乃为之势：乃，于是、就的意思。为，创造、造就。之，虚词。势，态势。此句意思是造成一种积极的军事态势。

㉒以佐其外：用来辅佐他对外的军事活动。佐，辅佐、辅助。

㉓因利而制权也：因，根据、凭依。制，决定、采取之意。权，权变、灵活处

置之意。意为根据利害关系采取灵活的对策。

㉔能而示之不能：能，有能力、能够。示，显示。即实际能战却装作不能战的样子。此句至"亲而离之"的十二条作战原则，即著名的"诡道十二法"。

㉕用而示之不用：用，用兵。实际要打，却装作不想打。

㉖近而示之远，远而示之近：实际要进攻近处，却装作要进攻远处；实际要进攻远处，却装作要进攻近处，致使敌人无法防备。

㉗实而备之：实，实力雄厚。指对待实力雄厚之敌，须严加防备。

㉘怒而挠之：怒，易怒而脾气暴躁。挠，挑逗、扰乱。言敌人易怒，就设法激怒敌人，使敌人丧失理智，临阵指挥作出错误的抉择，导致失败。

㉙卑而骄之：卑，小、怯。言敌人卑怯谨慎，应设法使其骄傲自大，然后伺机破之。也有另一种解释，是说己方主动卑辞示弱，给对方造成错觉，令其骄傲。

㉚亲而离之：亲，亲近；离，离间、分化。此句意为如果敌人内部团结，则设计离间、分化他们。

㉛兵家之胜：兵家，军事家。胜，奥妙。这句说上述"诡道十二法"乃军事指挥若定的奥妙之所在。

㉜不可先传也：先，预先、事先。传，传授、规定。此句意即在战争中应根据具体情况作出决断，不能事先呆板地作出规定。

㉝庙算：古代兴师作战之前，通常要在庙堂里商议谋划，分析战争的利害得失，制定作战方略。这一作战准备程序，就叫做"庙算"。

㉞得算多也：意为取得胜利的条件充分、众多。算，计数用的筹码。此处引申为取得胜利的条件。

㉟多算胜，少算不胜，而况于无算乎：胜利条件具备多者可以获胜，反之，则无法取胜，更何况未曾具备任何取胜条件的呢！而况，何况。于，至于。

㊱胜负见矣：见，同"现"，显现。言胜负结果显而易见。

译文

　　孙子说：战争是国家的大事，是关系到人民生死、国家存亡的重要而根本的问题，不能不认真加以考虑和研究。

因此，要从五个方面仔细地进行比较分析，从而了解敌我双方的真实情况。这五个方面：一是道，二是天时，三是地利，四是将帅，五是法制。所谓道，就是贯彻能使人民与君主同心同德的政治路线和政策方针，让人民心甘情愿与君主同生共死，而不惧怕任何危难。所谓天时，指的是用兵时的昼夜晴雨、严寒酷暑、春夏秋冬等气候情况。所谓地利，就是用兵打仗时距离的远与近，地势的险峻与平坦，地域的宽阔与狭窄，是死地还是生地等地理条件。所谓将帅，是指带兵作战的将领是否具备足智多谋、言而有信、仁爱部下、勇猛果断、治军严明等素质和能力。所谓法制，是指军队的组织编制、军事训练、管理教育、军令法规、武器装备、军需供应等情况。以上这五个方面的情况，将帅们没有不了解的，但只有真正知晓和掌握这些情况的人才能取得战争的胜利。所以说，敌我哪一方的君主政治清明，路线政策正确；哪一方的将帅有才能；哪一方占有天时与地利；哪一方的军纪严明、法令能严格执行；哪一方的兵力比较强大；哪一方的士兵训练有素；哪一方的军队管理有方、赏罚分明，我比较这些情况就可以判断谁胜谁负了。

如果采纳我的计谋，并用它来指导战争，就一定能取得胜利，我就留下来；如果不听从我的计谋，贸然用兵便必然招致失败，那么，我就应该辞别而去。

如果经过利害的权衡，采纳了我的计谋策略，就要设法造成有利的态势，用它辅助对外的军事行动，促进外部条件的形成。所谓有利的态势，就是根据对我方有利的情况而采取灵活机动的措施和行动。

用兵打仗是一种诡诈之术，需要运用种种方法欺骗敌人。所以，明明能征善战，却向敌人装作软弱无能；本来准备用兵，却伪装成不准备打仗；要攻打近处的目标，却给敌人造成攻击远处的假象；要攻打远处的目标，却装作要在近处攻击；敌人贪心就用小利来引诱它上当；敌人混乱就乘机攻击它；敌人实力雄厚就要谨慎防备；敌人强大就暂时避其锋芒；敌人容易冲动发怒，要设法挑逗它，使其失去理智；对于小心谨慎的敌人，要千方百计骄纵它，使其丧失警惕；敌人安逸就设法骚扰它，使得它疲惫不堪；内部团结的敌人，要设法离间它，让它分裂；在敌人没有准备时，突然发起进攻，在敌人预想不到的情况下采取行动。凡此种种，是军事家用兵取胜的奥秘，只能灵活运用，无法事先讲明。

开战之前，策划谋算时就能预知胜利的，是因为筹划周密，胜利的条件充分；开战之前就预计不能取胜的，是因为谋划不周，获胜的条件不足。筹划周密，获胜条件充分，就能取胜；筹划不周，获胜条件缺少，就难以取胜。更何况根本不

筹划且没有取胜的条件呢！我们凭借这些方面来考察，谁胜谁负便一目了然了。

战例

【宋襄公草率迎敌一败涂地】

春秋时期,宋国国君宋襄公领兵攻打郑国,郑国慌忙向楚国求救。楚国国君派能征善战的大将成得臣率兵向宋国本土发起攻击。宋襄公担心国内有失,只好从郑国撤兵,双方的军队在泓水相遇。

宋国大司马公孙固知道宋国远不是楚国的对手,就劝宋襄公道:"楚国是大国,兵多将广,土地辽阔,我们一个小小的宋国哪里能与它对抗呢？还是跟楚国议和吧！"

宋襄公听了很生气,说:"楚军虽说兵力有余,但仁义不足;我们宋国兵力不足,但仁义有余,仁义之师是战无不胜的。大司马为什么要长敌人志气,灭自己威风呢？"

公孙固还想争辩,但宋襄公哪里还听得进劝告,他命人做了一面大旗,高高地竖了起来,旗上绣着"仁义"两个醒目的大字。

战斗开始,楚军呐喊着强渡泓水,向宋军冲杀过来。宋将司马子鱼看到楚军一半渡过河来,一半还在河中,就劝宋襄公下令进攻,打楚军一个措手不及,宋襄公却说:"本王一向主张'仁义',敌人尚在渡河,我军趁此进攻,那还有什么'仁义'可言？"

楚军渡过河,见宋军没有发起进攻,于是从容布阵。司马子鱼又劝宋襄公:"大王,楚军立阵未稳,我们赶快进攻,还有希望获胜,赶快下令吧！"宋襄公指着迎风飘扬的"仁义"大旗,说:"我们是'仁义'之师,怎么能趁敌人布阵未稳就发起进攻呢！"宋军仍然按兵不动。

楚军布好阵,以排山倒海之势向宋军杀来。宋军被楚军的威风和气势吓破了胆,短兵相接,宋军大败。楚军乘势掩杀,宋军丢盔弃甲,争相逃命,宋襄公本人也被一箭射中大腿,"仁义"大旗则成了楚军的战利品。

宋襄公惨败后，还不服气，他对司马子鱼说："仁人君子作战，重在以德服人，敌人受了重伤，不应再去伤害他；看见头发花白的敌人，也不应抓他为俘虏。敌人还没有摆好阵，我们就击鼓进军，这不能算是堂堂正正的胜利。"

司马子鱼长叹一口气，说："我们宋国兵微将寡，本不是楚国对手，不应该跟楚国交战，可是大王您却非要交战不可。一旦交战，就应抓住战机，您又错过战机，不许进攻——打仗是枪对枪、刀对刀的事，你不杀他，他就杀你，这时候哪里还有什么'仁义'可言啊？如果讲'仁义'，那就不要打仗了，这不是更'仁义'吗？"

宋襄公无言以对。

次年，宋襄公因伤势过重病死。

【越灭吴之战】

春秋时期，吴越两国为争夺霸权，在公元前506年至公元前473年的三十多年间发生过多次战争。在公元前494年的一次战争中，越国在会稽受挫，力量大大削弱，几乎遭受了灭国之灾。越王勾践在受挫后，一面卑身事吴，一面反省思过，制定了休养生息、抚慰人民的一系列政策，取得了民众的支持。勾践经过"卧薪尝胆"、"十年生聚"、"十年教训"，最后复仇灭吴。越灭吴之战是我国古代史上弱国打败强国的一个范例，从许多方面印证了《孙子兵法·计篇》的合理性与正确性。

吴国和越国是春秋后期两个在长江下游崛起的国家。在此之前，它们在很长一段时间里共同依附楚国，是楚国的盟国。春秋中期，吴国通过兼并战争取得了大量土地，疆域不断扩大，实力不断增强，在大国争霸的局势中逐渐崭露头角并开始叛楚攻楚，以期在中原争霸。这时的越国较为弱小，在吴楚战事频繁时常常策应楚国，牵制吴国，成为吴之大患。吴国为了除掉中原争霸的后患，在柏举之战击败了楚之后，开始发动对越国的战争。公元前497年，越王允常去世，其子勾践继位。吴王阖闾乘越国允常之丧，率军攻越。吴越二军在对阵时，越军两次用死士攻击吴军严整的阵势，均未能奏效。最后越王勾践驱使犯了死罪的囚徒，列为三行一起在吴军阵前自杀，使吴军军心涣散。越军乘其不备，突然发起攻击，大败吴军，阖闾受伤而死。

吴王阖闾死后,其子夫差继位。夫差按照其父"必毋忘越"的遗嘱,在伍子胥、伯嚭的辅助下,日夜持戈练兵,准备出兵攻越。越王勾践也重用楚人文种、范蠡,改革政治,增强国力。越王勾践于继位后的第三年(公元前494年)春得到夫差准备攻越的消息后,在准备还不充分、兵力还不够充足的情况下,决定先发制人,出兵攻吴。吴王夫差率领吴国精兵,迎战越军于夫椒。由于吴军实力较强,越军战败。越军损失巨大,最后只剩下五千人,退守会稽山。吴军乘胜追击,把会稽山包围得水泄不通。在这生死存亡的关头,勾践采纳了范蠡的建议,决定委曲求全。勾践一面准备死战,一面派文种去向吴王夫差求和,以美女、财宝疏通吴太宰伯嚭,要他劝说夫差允许越国作为吴的属国保存下来,到时,勾践愿做吴王的臣仆,忠心侍奉吴王;不然,勾践将"尽杀其妻子,燔(烧)其宝器,悉五千人死战"。在伯嚭的劝说下,吴王夫差准许议和,吴军撤军回国。

越国战败后,越王勾践将治理国家的大权交给文种,自己和范蠡一起去吴国给夫差当奴仆,越国的王后也做了吴王夫差的女奴。勾践为吴王驾车养马,他的夫人为吴国打扫宫室。他们住在囚室,秽衣恶食,极尽屈辱而从不反抗。由于勾践能卑事吴王,同时又贿赂伯嚭,最后,勾践终于取得了吴王的信任,三年后被释放回国。

越王勾践回国后,首先下了一道"罪己诏",检讨自己与吴国结仇,使很多百姓在战场上送命的失误。他还亲自去慰问受伤的平民,抚养阵亡者的遗族。他在卧室的房梁上悬挂了苦胆,吃饭的时候定要先尝尝苦胆的滋味。他"身自耕作,夫人自织,食不加肉,衣不重采"。勾践还针对越国战败、人口减少、财力耗尽的情况,制定了休养生息的政策以恢复国家的元气。他明确规定:妇女怀孕临产时,要报告官府,由官府派医生去看护;生了男孩奖给两壶酒和一条狗,生女孩奖给两壶酒和一只小猪;生三胞胎的由官府出钱请乳母,生双胞胎由官府补贴粮食;凡死了嫡子的人家,免除三年劳役,死了庶子的,免除三个月劳役。由于改革内政,减轻刑罚、赋税,鼓励百姓开荒种地,越国在十年中没有向人民征收过赋税,每家百姓都有三年的粮食储备。由于勾践实行了一系列"去民之所恶,补民之不足"的政策,越国百姓亲近他的感情如对父母一般。

勾践在改革内政的同时,还开展了卓有成效的外交战。对吴国,他继续实行以退为进的战略,麻痹腐蚀夫差。经常送给夫差丰厚的礼物,表示忠心臣服,以消除他对越国的戒备,助其骄气;同时又破坏吴国经济,用高价收买吴国的粮食,造成吴国缺少粮食;他用离间之计使夫差对伯嚭偏听偏信,对伍子胥更加疏

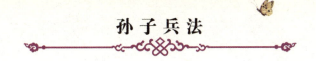

远，挑起其内部争斗。这些措施的实施，壮大了自己，削弱了敌人，为伺机灭吴奠定了基础。

吴王夫差战胜越国后，领土得到扩张，势力日益强大，夫差也因胜而骄，过高地估计了自己的力量，看不到勾践决心灭吴的意图。他奢侈淫乐，穷兵黩武，急于以武力威胁齐、晋，称霸中原。公元前484年，夫差闻齐景公已死，便决定出兵北上伐齐。吴军击败齐军于艾陵。公元前482年，夫差又约晋定公和各国诸侯于七月七日到黄池会盟。夫差为了炫耀武力，圆其称霸中原之梦，带去了吴国三万精锐部队，只留下一些老弱的军士同太子一起留守国内。夫差的空国远征，给了越国以可乘之隙。越王勾践在吴军刚离开国土北上时，就想出兵攻吴。范蠡认为时机未到，他分析说："吴王北会诸侯于黄池，精兵从王，国中空虚，老弱在后，太子留守，兵始出境未远，闻越击其空虚，兵还不难也。"他劝勾践暂缓出兵。数月之后，范蠡估计吴军已到黄池，便同意勾践出兵。勾践调集越军四万九千人，兵分两路，一路由范蠡、后庸率领，由海道入淮河，切断北去吴军的退路；一路由大夫畴无余、讴阳为先锋，勾践亲率主力继后，从吴国南面边境入吴直逼姑苏。

吴太子友得知越军乘虚出击吴国，急忙率兵到泓上阻止越军的进攻。太子友根据国内精锐部队全部北上黄池的现实，决定采取不与越军交战，坚守待援的策略，同时派人请夫差尽快回军。然而，当越军先锋军到达时，吴将王孙弥庸一眼望见了被越军俘获的他父亲的"姑蔑旗"在空中招展，不由得怒火中烧，也就顾不得太子友坚守疲敌的主张了。他率领他的部属五千人出击，打败了越军的先锋部队，俘虏了越大夫畴无余、讴阳。首战小胜，使吴将更加骄傲轻敌。不久，勾践的主力到达，向吴军发起了猛攻。越军一举击败吴军，俘虏了太子友，进入吴国国都姑苏。越军缴获了大批物资，取得了这场袭击战的胜利。

夫差在黄池正与晋定公争当霸主，听说越军攻下姑苏，太子被俘，恐怕影响霸业，就一连杀掉七个来报告情况的人，封锁这一不利消息，并用武力威胁晋国让步，勉强做了霸主。随后夫差就急忙回军。在回国的途中，吴军连连听到太子被杀、国都被围等一系列失利的消息，军士完全丧失了斗志。夫差认为现在立即回国反击越国没有必胜的把握，就在途中派伯嚭向越求和。勾践和范蠡估计自己的力量还不能马上把吴国消灭，于是同意议和，撤兵回国了。

夫差回到吴国，本想马上报复越国，但是吴国由于连年战争，生产遭到破坏，财力消耗很大，国内又闹灾荒，因此，他感到一时还没有实力对越实施报复。于是他宣布"息民散兵"，企图恢复力量，待机再举。

文种见吴国开始致力于增强国内经济实力，便觉得越国应抓住有利时机及时完成灭吴大业，如果等到吴国经济实力得到恢复，那么战胜吴国将更加困难。于是文种向勾践建议，应抓住目前吴军疲惫、国内防务松弛的机会再次攻吴。勾践采纳了他的建议，公元前473年，吴国大旱，仓廪空虚，越国趁机大举攻吴。

战前，勾践征求并采纳了群臣关于明赏罚、备战具、严军纪、练士卒等建议，作了充分的临战准备。为了争取人民的支持，他以国复仇为号召，鼓励出征者奋力作战，留乡者专心生产，并规定独子及体弱有病者免服兵役，家有兄弟二人以上的留一人在家奉养父母。出师攻吴时，又宣布吴王夫差的罪状，号召吴国人民反对夫差。

这年三月，越军进军到笠泽。吴国也发兵迎击，两军夹江对峙。越国把军队分为左右两翼，勾践亲率六千精兵为中军。黄昏时，勾践命左右二军分别隐蔽在江中；半夜时，二军鸣鼓呐喊，进行佯攻。夫差误以为越军两路渡江进攻，连夜分兵两翼迎战。勾践率主力偃旗息鼓，潜行渡江，出其不意地从吴军两路中间的薄弱部位展开进攻。吴军大败。越军乘胜猛追，再战于没，三战于郊。越军三战三捷，占领了所到之地，使吴国的军队土崩瓦解，改变了吴强越弱的形势。

吴军笠泽战败后，退而固守姑苏。姑苏城坚，越军一时未能攻下。勾践采取长期围困的战略，使吴军在两年后终于势穷力竭。这时，越军再次发起强攻，打进姑苏城。夫差率残部逃到姑苏台上，又被越军包围。他派人向勾践求和，但越国君臣灭吴之心已定。夫差在绝望之中自杀而死。越国终于取得了吴、越之战的最后胜利。

越国作为一个较弱小的国家，能战胜实力强大的吴国，首先一个重要原因就是越国能从失败中吸取教训，改革政治，争取了民众的支持。勾践在会稽战败后，制定了一系列改革措施，"去民之所恶，补民之不足"，同时，勾践以复仇雪耻为号召，激发民众积极参与灭吴战争，这正顺应了越国人民要求摆脱处于吴国臣属地位的愿望，因而获得了越国人民的支持。其次，在战略上，面对强敌，越国能够避其锋芒，制定以退为进、休养生息的政策，以保存自己的实力，增强国力，为最终战胜强敌作好充分的准备；同时，针对吴国君臣的弱点，采取"利而诱之"、"强而避之"、"亲而离之"等策略，使吴王夫差妄自尊大，放松警惕，穷兵黩武，削弱了自己的实力。最后，越国在袭击吴国条件成熟时，采取了乘虚捣袭的作战方针，出其不意，攻其不备，给吴军以致命的打击，最终战胜了吴军，取得了灭吴之战的胜利。

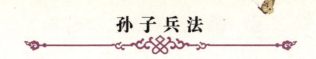

纵观越国最终战胜、消灭吴国的全过程,我们可以看到,越国用以战胜敌国的许多策略都与《孙子兵法·计篇》所述的思想相符合。因此,越灭吴之战,是孙子军事思想合理性与正确性的极好佐证。

【刘邦未战先算取英布】

西汉初年,淮南王英布兴兵反汉。刘邦向文武大臣询问对策,汝阳侯夏侯婴向刘邦推荐了自己的门客薛公。

汉高祖问薛公:"英布能征善战,我想亲率大军去平叛,你看胜败如何?"

薛公答道:"陛下必胜无疑。"

汉高祖道:"何以见得?"

薛公道:"英布兴兵反叛后,料到陛下肯定会去征讨他,当然不会坐以待毙,所以有三种情况可供他选择。

第一种情况,英布东取吴,西取楚,北并齐鲁,将燕赵纳入自己的势力范围,然后坚守自己的封地以待陛下。这样,陛下也奈何不了他,这是上策。"

汉高祖急忙问:"第二种情况会怎么样?"

薛公道:"东取吴,西取楚,夺取韩、魏,保住敖仓的粮食,以重兵守卫成皋,断绝入关之路。如果是这样,谁胜谁负,只有天知道。这是第二种情况,乃为中策。"

汉高祖说:"先生既认为朕能获胜,英布自然不会用此二策,那么,下策该是怎样?"

薛公不慌不忙地说:"东取吴,西取下蔡,将重兵置于淮南。我料英布必用此策——陛下长驱直入,定能大获全胜。"

汉高祖面呈悦色,道:"先生如何知道英布必用此下策呢?"

薛公道:"英布本是骊山的一个刑徒,虽有万夫不当之勇,但目光短浅,只知道为一时的利害谋划,所以我料他必出此下策!"

汉高祖连连赞道:"好!好!英布的为人朕也并非不知,先生的话可谓是一语中的!朕封你为千户侯!"

"谢陛下。"薛公慌忙跪下谢恩。

汉高祖封薛公为千户侯，又赏赐给薛公许多财物，然后亲率十二万大军征讨英布。

果然，英布在叛汉之后，首先兴兵击败受封于吴地的荆王刘贾，又打败了楚王刘交，然后把军队布防在淮南一带。

汉高祖戎马一生，南征北战，也深谙用兵之道。双方的军队在蕲西相遇后，汉高祖见英布的军队气势很盛，于是采取了坚守不战的策略，待英布的军队疲惫之后，金鼓齐鸣，挥师急进，杀得英布落荒而逃。

英布逃到江南后，被长沙王吴芮的儿子设计杀死，英布的叛乱以失败而告终。

【威廉二世轻举妄动导致亡国】

德国在第一次世界大战前是一个经济、军事实力居世界前列的帝国主义国家。威廉二世野心勃勃，当他看到世界已经被瓜分殆尽，自己没有得到实惠时，便企图以武力夺取英、法、俄等国在各地的殖民地。

1914年6月28日，奥地利的皇太子斐迪南大公携妻子索菲娅到萨拉热窝访问。夫妇遭到枪袭，双双死去。

奥皇想借此机会吞并塞尔维亚，但是，奥皇又担心法国和俄国出兵干涉，于是便向自己的盟国德国寻求帮助。

德皇威廉二世得知斐迪南夫妇遇刺身亡的消息后，认为挑起大战、夺取英国和俄国殖民地的良机已经到来，便在7月28日，同奥匈帝国一起悍然向塞尔维亚宣战，沙皇俄国为了自己的利益立即向全国进行战斗动员。7月31日，德皇威廉二世宣布全国"处于战争危险状态"，仅过了一天，就正式向俄国宣战，然后又向法国宣战。8月6日，奥匈帝国向俄国宣战。英国为了本国利益，也卷入了战争。就这样，短短的几天，欧洲各帝国主义大国都卷入了这场战争，第一次世界大战爆发了。

大战的帷幕拉开时，德军统帅内部便一片混乱，将军们找不到一张令人满意的作战地图；对作战部队的使用和作战物资的调集、运输，更是乱作一团。

就是在这种状况下，德皇威廉二世竟异想天开地企图以"闪电战"的方式

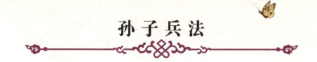

攻占法国。德军和法军集结在马恩河两侧，双方兵力总和达一百五十万人，结果，德军败北。参谋长毛奇劝威廉二世及早罢手，结束战争，威廉二世不但不听劝告，反而将毛奇撤职。

德、法两国之间的战争持续了两年，双方伤亡七十多万人。到了1918年，德国再也无力把这场不义之战打下去了，于是只好请求"停战"。

法国元帅福煦将一张事先拟好的停战条件单交给德方，限德方在三天内签字。停战条件令德方不寒而栗："……一个月内将莱茵河以西的德国领土，以及莱茵河以东三十公里的德国领土交给联军。""交出巡洋舰、战舰、潜水艇二百三十四艘""交出空军全部飞机""交出五千门大炮"……

德国战败，没有办法，只得任人宰割，在停战协定上签了字。

二十年后，德皇威廉二世偶然读到了译成德文的《孙子兵法》。当他读到"亡国不可以复存，死者不可以复生，故明君慎之，良将警之，此安国全军之道"这一段话时，潸然泪下，哀叹道："如早二十年读《孙子兵法》，便不会遭遇亡国之痛了。"

小百科/ XiaoBaiKe

在中国古代，由于冶炼技术的不断提升，锻造出了很多旷世名剑。你知道中国有哪些名剑吗？我们看一下中国十大名剑排行榜：第一名，圣道之剑——轩辕夏禹剑；第二名，仁道之剑——湛泸；第三名，帝道之剑——赤霄；第四名，威道之剑——太阿；第五名，诚信高洁之剑——七星龙渊；第六/第七名，挚情之剑——干将/莫邪；第八名，勇绝之剑——鱼肠；第九名，尊贵无双之剑——纯钧；第十名，精致优雅之剑——承影。

作战篇

原文

　　孙子曰：凡用兵之法，驰车千驷①(sì)，革车千乘②，带甲十万，千里馈(kuì)粮。则内外之费，宾客之用，胶漆之材③，车甲之奉④，日费千金，然后十万之师举矣。

　　其用战也胜⑤，久则钝兵挫锐⑥，攻城则力屈⑦，久暴(pù)师则国用不足⑧。夫钝兵挫锐，屈力殚货⑨，则诸侯乘其弊而起⑩，虽有智者，不能善其后矣。故兵闻拙速，未睹巧之久也⑪。夫兵久而国利者，未之有也⑫。故不尽知用兵之害者，则不能尽知用兵之利也。

　　善用兵者，役不再籍⑬，粮不三载⑭，取用于国⑮，因粮于敌⑯，故军食可足也。

　　国之贫于师者远输⑰，远输则百姓贫；近于师者贵卖⑱，贵卖则百姓财竭，财竭则急于丘役⑲。力屈、财殚(dān)，中原内虚于家⑳。百姓之费，十去其七；公家之费，破车罢马㉑，甲胄矢弩㉒，戟盾蔽橹㉓，丘牛大车㉔，十去其六。

　　故智将务食于敌㉕。食敌一钟㉖，当吾二十钟；萁(qí)秆一石㉗，当吾二十石。

　　故杀敌者，怒也㉘；取敌之利者，货也㉙。故车战，得车十乘已上，赏其先得者，而更其旌旗，车杂而乘之㉚，卒善而养之㉛，是谓胜敌而益强㉜。

　　故兵贵胜，不贵久。

　　故知兵之将，生民之司命㉝。国家安危之主也㉞。

注释

　　①驰车千驷：战车千辆。驰，奔、驱的意思，驰车即快速轻便的战车。驷，原指一车套四马，这里用做量词，千驷即千辆战车。

②革车千乘:用于运载粮食和军需物资的辎重车千辆。革车,用皮革缝制的篷车,是古代重型兵车,主要用于运载粮秣、军械等军需物资。乘,辆。

③胶漆之材:指制作和维修弓矢等军用器械的物资材料。

④车甲之奉:泛指武器装备的保养、补充开销。车甲,车辆、盔甲。奉,同"俸",指费用。

⑤其用战也胜:胜,取胜,这里作速胜解。意谓在战争耗费巨大的情况下用兵打仗,就要做到速战速胜。

⑥久则钝兵挫锐:言用兵旷日持久就会造成军队疲惫,锐气挫伤。钝,疲惫、困乏的意思。挫,挫伤。锐,锐气。

⑦力屈:力量耗尽。屈,竭尽、穷尽。

⑧久暴师则国用不足:长久陈师于外就会给国家经济造成困难。暴,同"曝",露在日光下,文中指在外作战。国用,国家的开支。

⑨屈力殚货:殚,枯竭。货,财货,此处指经济。此言力量耗尽,经济枯竭。

⑩诸侯乘其弊而起:其他诸侯国便会利用这种危机前来进攻。弊,疲困,此处作危机解。

⑪兵闻拙速,未睹巧之久也:拙,笨拙,不巧。速,迅速取胜。巧,工巧,巧妙。此句言用兵打仗宁肯指挥笨拙而求速胜,而没见过为求指挥巧妙而使战争长期拖延的。

⑫夫兵久而国利者,未之有也:长期用兵而有利于国家的情况,从未曾有过。

⑬役不再籍:役,兵役。籍,本义为名册,此处用做动词,即登记、征集。再,二次。意即不二次从国内征集兵员。

⑭粮不三载:三,多次。载,运送。即不可能多次从本国运送军粮。

⑮取用于国:指武器装备等从国内取用。

⑯因粮于敌:因,依靠。粮草给养依靠在敌国就地解决。

⑰国之贫于师者远输:之,虚词,无义。师,指军队。远输,远道运输。此句意为国家之所以因用兵而导致贫困,是由于军粮的远道运输。

⑱近于师者贵卖:近,临近。贵卖,指物价飞涨。意为临近军队驻扎点地区的物价会飞涨。

⑲急于丘役:急,在这里有加重之意。丘役,军赋,古代按丘为单位征集

军赋，一丘为一百二十八家。

⑳中原内虚于家：中原，此处指国中。此句意为国内百姓之家因远道运输而变得贫困、空虚。

㉑罢马：罢，同"疲"。罢马，马匹疲惫不堪。

㉒甲胄矢弩：甲，护身铠甲。胄，头盔。矢，箭。弩，弩机，一种依靠机械力量射箭的弓。

㉓戟盾蔽橹：戟，古代戈、矛功能合一的兵器。盾，盾牌，打仗时护身的武器。蔽橹，用于攻城的大盾牌。甲胄、矢弩、戟盾、蔽橹，是对当时攻防兵器与装备的泛指。

㉔丘牛大车：丘牛，从丘役中征集来的牛。大车，指载运辎重的牛车。

㉕智将务食于敌：智将，明智的将领。务，务求、力图。意为明智的将帅总是务求就食于敌国。

㉖钟：古代的容量单位，每钟六十四斗。

㉗秆一石：秆，泛指马、牛等牲畜的饲料。石，古代的容量单位，三十斤为一钧，四钧为一石。

㉘杀敌者，怒也：怒，激励士气。言军队英勇杀敌，关键在于激励部队的士气。

㉙取敌之利者，货也：利，财物。货，财货，此处指用财货奖赏的意思。句意为若要使军队勇于夺取敌人的财物，就要先依靠财货奖赏。

㉚车杂而乘之：杂，掺杂、混合。乘，驾、使用。意为将缴获的敌方战车和我方车辆混杂在一起，用于作战。

㉛卒善而养之：卒，俘虏、降卒。言优待被俘的敌军士兵，使之为己所用。

㉜是谓胜敌而益强：这就是说在战胜敌人的同时使自己更加强大。

㉝生民之司命：生民，泛指一般民众。司命，星名，传说主宰生死，此处引申为命运的主宰。

㉞国家安危之主也：国家安危存亡的主宰者。主，主宰之意。

译文

孙子说：大凡用兵作战，一般的规律是要动用战车千辆，辎重车千辆，集结

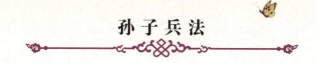

军队十万,还要千里运送军粮,再加上前后方的经费,招待使节宾客的开支,维修作战器材的消耗,车辆兵甲保养补充的开支,每天都需要耗费数目庞大的资金,然后十万大军才能出动。

　　动用如此庞大的军队作战,就需要力争速胜。旷日持久就会使军队疲惫,锐气受挫;攻打城池就会使战斗力耗尽;军队长期在外作战,将会使国家财力难以维持。如果军队疲惫,锐气受挫,战斗力耗尽,国家经济枯竭,那么,别的诸侯国就会乘此危机而发起进攻。到那时,即使再高明能干的人,也无法挽回危局了。所以,用兵作战只听说过宁可指挥笨拙以求速战速胜的事,还没有见过为讲究指挥技巧而使战争旷日持久的现象。战争久拖不决而对国家有利的情形从来未曾有过。因此,不完全了解用兵之弊害的人,也就不可能真正认识到用兵的益处。

　　善于用兵的人,兵员绝不会征集第二次,粮草不会多次运送,武器装备由国内取用,粮食饲料则在敌国补充,这样,军队的粮草供应就可满足作战需求了。

　　国家因战争而陷于贫穷的一个原因,是向出征部队远程运送物资,远程运输必然导致百姓贫穷。临近军队驻地的地区,物价必然高涨,物价高涨就会使百姓财富枯竭。国家财力枯竭,就必然加重徭役赋税的征用。军力耗尽,财力枯竭,国内便会出现普遍的贫穷。人民的财产将因战争而耗去十分之七。国家的财富,也会由于车辆的损坏,马匹的疲病,盔甲服装、箭羽弓弩、枪戟盾牌、牛车大橹的制作补充,辎重车辆的征调,而耗去十分之六。

　　所以,高明的将帅总是力求在敌国解决粮草的供应问题。吃掉敌国的一钟粮食,相当于从本国运送二十钟粮食;耗费敌国的一石草料,等于从本国运送二十石草料。

　　要使士兵英勇杀敌,就必须激起他们对敌人的仇恨;要想夺取敌人的军需物资,就要对争先的士卒进行物质奖励。所以,在车战中,凡是缴获敌人战车十辆以上的,就要奖励最先夺得战车的人,并且将被缴敌车换上我军的旗帜,混合编入自己的战车行列。对于被俘虏的敌军士卒,要善待他们并保证给予充足的供养,为我所用。这就是所说的战胜了敌人,也使自己变得更为强大的道理。

　　因此,用兵打仗贵在取得胜利,而不宜旷日持久地将战争拖下去。

　　懂得用兵之道的将帅,是百姓生死的掌握者,是国家安危的主宰者。

战例

【李牧巧施"美马计"】

战国时期,塞北的匈奴人经常南侵,骚扰赵国的边疆,掠夺百姓的财物、牲畜。赵国将军李牧奉命驻守代地的雁门关,防备匈奴。李牧兵马有限,他根据实际情况,不与匈奴交锋,在较长一段时间内处于守势,匈奴人则依仗强大的骑兵,纵横奔驰,不把李牧放在眼里。

一天,匈奴人把数百匹好马赶到河边洗浴。李牧在雁门关上远远望见,就想把这数百匹好马夺过来,既能壮大自己的力量,又能灭掉匈奴人的威风。但是,李牧知道,只要他打开雁门关的城门,匈奴人就会把马群赶回去,而且,匈奴大军离小河也不是很远。李牧前思后想,突然从数百匹欢腾嘶鸣的骏马中悟出一条妙计来:"匈奴人的骏马尽是雄性,如果用几百匹母马来引诱它们,让它们全跑过河来,再把它们赶入城内,岂不是得来全不费工夫!"于是,李牧下令从城内挑选了几百匹母马,让士兵们把母马牵出城,系在隔河的树下。不一会儿,一匹母马仰头向着河那边嘶鸣起来。河那边匈奴人的数百匹公马听到母马的叫声,一个个抬起头来向河这边的母马张望。接着,几匹公马带头嘶鸣起来,回应对岸的母马。随后,几匹公马率先游过河,向树荫下的母马奔去。群马有了"带头者"引路,一阵狂嘶,纷纷渡河狂奔而去,看马的匈奴人这时想拦也拦不住。早已守候在河岸旁的赵军将士乘机一跃而出,将数百匹好马赶入雁门关中。

李牧"就地取材",用"美马计"夺得匈奴人数百匹好马,壮大了自己,又灭了匈奴人的威风。这一奇计在唐朝"安史之乱"中得以再现。

当时,唐将李光弼与叛将史思明在河阳形成对峙局面。史思明自恃兵强马壮,不把李光弼放在眼里,每天都要驱赶战马到河边洗浴。李光弼眼睁睁地看着上千匹骏马就在眼前,却又不敢轻举妄动。

一天,李光弼突然想起了李牧的"美马计",他想:"现在,城内有的是母马,我何不试它一试?"于是下令从城中的全部母马中挑选出五百匹。李光弼命令把幼马系在城内,当史思明的马跑到河边后,将五百匹母马全部驱赶出城。母马到了城外,念及在城内的幼马,一匹母马叫了起来,其余的母马也都跟着嘶鸣不

止。对面河岸边史思明的千余匹骏马听到叫声后，公马率先渡河而来，剩余的母马依恋同伴，也跟着过了河，这样唐军官兵不费一兵一卒就获得了千余匹骏马。

【诸葛亮出兵陇上抢割新麦】

蜀汉建兴九年(公元231年)，诸葛亮率十万大军四出祁山攻伐魏国，魏明帝命司马懿率张郃、费曜等大将带兵西进，迎战蜀军。司马懿命部将费曜、戴陵留四千精兵守上邽，自己统率大军西救祁山，令张郃为先锋。

诸葛亮兵至祁山，见魏军早有防备，便对众将说："孙子曰：'重地则掠'。也就是说，深入敌军腹地，想要粮草不断，就要掠取敌人的粮秣来补充自己。如今，我们的粮草供应不上，我估计陇上的麦子已经熟了，我们可以秘密派兵去抢割陇上的麦子。"诸葛亮留下王平、张嶷等人守卫祁山大营，自己则率领姜维、魏延等将领直奔上邽。

司马懿率大军赶到祁山，没有遇上诸葛亮主力。司马懿心中疑惑，又听说有一支蜀军径往上邽而去，不由得恍然大悟，立即引军去救上邽。

诸葛亮赶到上邽，上邽魏将费曜出兵迎战，姜维、魏延奋勇向前，费曜被杀得大败而逃。

诸葛亮乘机命令三万精兵，手执镰刀、驮绳，下田收割粮秣，把陇上的新麦一割而光，运到卤城打晒去了。

司马懿技逊一筹，失去了陇上的新麦，心中虽有不甘，却由此得知诸葛亮粮食供应困难，眼下虽然有陇上之麦暂解燃眉之急，毕竟不能持久，因此在上邽凭险坚守不出，与蜀军对峙。诸葛亮眼看抢收的粮食快吃完，为寻找战机，便引军向祁山方向撤退。司马懿率军尾随至卤城，便与副都督郭淮引兵前往卤城偷袭，企图擒拿诸葛亮。不料，诸葛亮早有防备，他让姜维、魏延、马忠、马岱四将各带两千人马埋伏在卤城东西的麦田之内，等魏兵抵达卤城城下时，一声炮响，伏兵四起，诸葛亮又打开城门，从城内杀出，魏军大败，伤亡三千多人，损失辎重无数，司马懿拼力死战，才突出重围。

司马懿接连受挫，仍然采取据险而守、绝不出战的方针。诸葛亮求战不得，又苦于粮食困难，只好下令退兵。

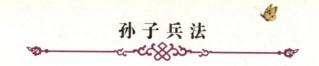

魏大将张郃领兵急追,追至木门,只听一声梆子响,早已埋伏在峭壁悬崖上的蜀军万箭齐发,张郃及其率领的百余名部将全死于乱箭之中。

诸葛亮第四次伐魏虽然没有实现原定目标,但因采用了"重地则掠"的策略,避免了断粮的危险,故取得了一些局部性的胜利,并且平安地退回到了蜀地;而魏国不但损失了陇上的新麦,还损失了一员能征善战的大将张郃。

【祖逖北伐】

东晋时期,一些仁人志士主张北伐中原,收复失地,但朝廷偏安于江南,对要求北伐的人都不予支持,祖逖就是其中的一个。

祖逖年轻的时候就怀有雄心壮志,他生性豁达,喜欢结交英雄好汉。他和好朋友刘琨谈论天下大事,常常慷慨激昂,谈到半夜,他们互相鼓励,表示将来一定要为国家干一番大事业。

祖逖和刘琨同睡在一张床上,半夜里鸡叫头遍,祖逖就叫醒刘琨,说:"你听听,这鸡叫的声音多么激越昂扬,那是在叫人发愤图强啊!"他们两人兴奋得再也睡不着了,就走出来,在晨光中拔剑起舞,准备将来好为国出力。

在匈奴贵族刘渊攻下洛阳灭掉西晋的时候,祖逖也和别人一样南下江南。

祖逖到达泗口时,接到了左丞相琅邪王司马睿任命他为徐州刺史的命令,于是祖逖就在泗口停留下来。可是不久又接到军咨祭酒的任命,于是祖逖又率领宗族等继续南行,渡过长江,到达京口。

祖逖暂时避乱南方,寄希望于司马睿,等待有一天能恢复中原失地。公元313年的一天,祖逖向司马睿提出北伐的主张,他说:"朝廷变故,完全是各个藩王自相残杀造成的,以致外族乘虚而入、作乱中原。如今中原人民在胡人统治下,陷于水深火热之中,人人怀着恢复之志。如果命末将统兵北伐,中原豪杰之士必定闻风而起,定能成功。"

但司马睿却无意北伐,他刚刚占据南方,统治尚未巩固,况且当时的西晋在长安还有一个名义上的朝廷。如果发动北伐,收复了中原,对自己不利。因此司马睿只求苟安江南。可是祖逖的北伐主张还是使司马睿无法拒绝,而且,北伐得到了人民群众的响应,所以司马睿不得不同意祖逖的主张,但在行动上并不给

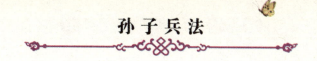

孙子兵法

予积极支持，只给一千人的粮饷和三千匹布，不给兵器，也不调配军队，让祖逖自己去招募。但祖逖并不灰心，他受命之后，还是积极准备。这时，祖逖已经四十八岁了。

那天，人们听说祖逖渡江北伐，纷纷赶来送行，祝他早日收复中原。祖逖一身戎装，显得雄赳赳气昂昂，很有信心。将士们乘船出发了。等船开到江心，祖逖用佩剑敲着船桨，当众誓师说："我祖逖如果不能肃清中原的敌人，决不再过这条大江！"祖逖这铿锵有力的誓言，在碧波浩渺的江面上久久回荡。

当时豫州境内是石勒的地盘。石勒虽为匈奴刘汉政权的大将，实际上却是拥兵自重。他以邺城为据点，手下战将如云。

祖逖从淮阴率军进入豫州境内后，进军顺利，在北方人民的帮助下，不久就收复了黄河以南的大片土地。

祖逖爱兵如子，深得军民爱戴。在祖逖围攻谯郡时，陈川派他的将领李头帮助祖逖。攻下谯郡后缴获了一匹很好的战马，李头非常喜欢，祖逖就把这匹战马送给了他。李头十分感激，可是陈川是一个心胸狭隘的人，他知道李头感激祖逖，心中非常恼火，竟把李头杀了。李头部下因此纷纷投奔祖逖。

当陈川杀了李头，李头部下又投奔祖逖后，陈川十分不满，于是与祖逖发生冲突。陈川纵容士兵烧杀抢掠、骚扰百姓。祖逖不得已才进行讨伐，最终打败了陈川。

陈川失败后，便去投靠石勒。石勒派他的侄子石虎率领五万军队助陈川作战，但又被祖逖打得大败而归，石虎、陈川逃走，留下部将桃豹率军守住浚仪的西城，与占据东城的祖逖相持。双方相持了四十天，粮食都很缺乏。祖逖心生一计，他叫部下用麻袋装上土，假装是粮食，派一千多人高唱着劳动号子运上了东台；又派几个人搬运一些真的米袋。桃豹的士兵几天没吃饭，见了运米的晋军，就追赶过来。祖逖的部下故意丢下米袋就跑。桃豹的士兵抢到了米，很是高兴，立刻埋锅做饭。他们一边吃着香喷喷的米饭，一边谈论着祖逖军队粮食这样充足，而他们却要经常忍饥挨饿，言谈中不知不觉流露出不愿继续打下去的情绪，军心开始动摇。石勒很快了解到了这一情况，为了稳定军心，石勒火速派人运送粮食去接济桃豹。祖逖得知这个消息，立刻派韩潜等带领一支人马袭击，在汴水岸边，打败了石勒的运粮队，夺得了全部粮食。桃豹听说粮食被抢，知道无法坚持，吓得连夜逃跑了。

祖逖自己生活非常俭朴，克己奉公，不谋私利。并且他勤政爱民，每到一地

就鼓励百姓进行农业生产,采取措施恢复经济,使人民安居乐业。祖逖北伐,把石勒的势力赶到黄河以北,盘踞于关中、河东的刘汉势力也岌岌可危,豫州地区社会稳定,生产秩序渐渐恢复正常,人民生活暂时得到保障。因此祖逖深得豫州百姓的敬爱,他们把祖逖比做再生父母。

在祖逖进军豫州期间,司马睿正式称帝,为晋元帝。祖逖北伐取得的成功引起了司马睿的猜忌。他派自己的亲信戴渊统管北方军政,祖逖正要进军河北,却受到戴渊的牵制,祖逖知道北伐胜利无望,因而心中非常苦恼。公元321年九月,祖逖在郁闷中病死于雍丘(今河南杞县),时年五十六岁。

【北魏与大夏统万城之战】

北魏与大夏统万城之战,发生于我国历史上南北朝时期。当时,我国南方为东晋政权统治,而北方则出现了众多的由匈奴、鲜卑、羯、氐、羌等少数民族以及汉族建立的独立割据政权。北魏与大夏便是这些众多的割据政权中的两个少数民族政权。在这些割据政权中,北魏由于能够学习汉族的先进技术与文化,重视发展农业生产,因而逐渐强大起来。北魏在将自己的势力向南发展、推进的同时,也开始着手统一北方。发生于公元427年的北魏与大夏国的统万城之战就是北魏为统一北方而发动的。在这次战争中,鲜卑族北魏主拓跋焘对于孙子"兵贵胜,不贵久"的作战思想有较深刻的理解,面对所要攻打的统万城,作战指挥果断灵活,避免陷入旷日持久、进退两难的境地,较好地完成了这次攻坚战,推动了北方由分裂走向统一的进程。

大夏国建立于公元407年。当时,北方已有南燕、后燕、北燕、北凉、北魏、后秦等独立的割据政权。夏主赫连勃勃是匈奴人,在建夏之前,曾经投奔后秦的高平公破多罗没弈于(鲜卑族),谋得后秦骁骑将军的官职,并被没弈于招为女婿。后来,赫连勃勃以在高平打猎为由,阴谋袭杀了岳父,将其领地及手下并为自己的势力,在此基础上建立了大夏国。赫连勃勃建国后,没有将高平作为自己的根据地,而是以流动袭击的办法蚕食后秦疆土,不断扩大自己的统治范围。不久,东晋刘裕灭了后秦,赫连勃勃趁势占领了后秦岭北镇戍郡,夺取了长安,在强大的军事力量支持下,其统治得到进一步的巩固与发展,成为北魏的劲敌,阻碍着

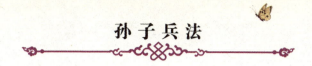

北魏对西北地区的统一。

赫连勃勃在其统治得到巩固、疆土逐渐扩大的基础上,决定将其国都定在统万城。公元413年,赫连勃勃征发岭北胡汉各族人民十万人筑统万城。他驱使人们用蒸熟的土筑城,筑成后他用铁锥刺土检验其硬度,如果刺进一寸,就杀掉筑城的人。在他的暴力与高压下,统万城筑成后非常坚固,其"城高十仞,基厚三十步,上广十步,宫墙五仞,其坚可以砺(磨)万斧"。赫连勃勃妄图以此坚城抵御外族侵略,延续其残暴的统治。

北魏政权由鲜卑族拓跋氏建立于公元386年,那时,后燕是当时黄河流域最强大的国家,北魏则处于后燕势力的包围之中,北魏通过与后燕的多次艰苦作战,削弱了后燕的势力,使自己逐渐强大起来。北魏统治者注意军事与生产双管齐下,稳定其统治范围内的农业经济,吸取中原先进的文化和生产知识,重用汉族地主阶级知识分子,因而发展成为一个较强大的政权。公元396年,北魏攻占了后燕重镇晋阳、常山、信都、中山,给后燕以近乎毁灭性的打击。不久,后燕灭亡,北魏开始进一步实施其统一北方的计划。公元425年八月,夏主赫连勃勃病死,诸子争位,互相攻战。次年,赫连昌争取到王位继承权,但大夏内部矛盾更为尖锐,北魏便乘此机会发动了灭夏之战。

公元426年九月,北魏主拓跋焘命大将奚斤率兵五万,攻夏之蒲坂(今山西永济西),进袭关中、长安(今陕西西安);自己亲率骑兵两万出平城(魏都,今山西大同市东北),渡黄河袭击统万城。夏主赫连昌率军迎击,战败退回城内固守。北魏军分兵四掠,驱牛马十余万,掳夏居民万余而归,进行了一次试探性的战略进攻。

这年十二月,北魏军南路统领奚斤率军夺取了长安。次年正月,赫连昌派其弟赫连定领兵两万南下,企图夺回长安,收复关中。两军相持在长安附近。北魏主拓跋焘乘夏军兵力被牵制在关中的有利时机,决定动用近十万大军再次袭击统万城。五月,拓跋焘率军西进,以三万骑兵为前驱,三万步兵为后继,三万步兵运送攻城器具。北魏军从君子津渡过黄河,至拔邻山筑城休整。原附属于夏的今内蒙南部与陕北地区各游牧民族首领纷纷降于北魏。这时,北魏主拓跋焘改变步、骑兵齐进的原进军计划,决定率轻骑三万以最快的速度直抵统万城,然后诱敌出战,将敌人消灭。对这一决定,拓跋焘部下有所不解,他们认为统万城坚不可摧,敌军必定固守城内,三万骑兵先驱到达不足以攻破坚城,最好还是等步兵到达后,带上攻城战具,再行攻打。拓跋焘解释说:"用兵攻城,在军事上是下策,

是不得已才用的。现在若等步兵、攻城器具齐备，再去攻城，敌军见我势众，必然据城固守，不敢出战。我军攻城不下，旷日持久，食尽兵疲，外无所掠，反而会形成进退两难之势。因此不如现在以轻骑直抵城下，敌人见我军步兵未到，意必松懈，我再以疲弱示之，诱其出战，必能一举歼敌。再则我军之所以适合采取轻骑决战，以争取速胜，还因为我军离家两千余里，又隔黄河，粮草运输困难。以现有的三万骑兵攻城虽不足，而决战则有余。"拓跋焘说服了部下，遂督军前进。

六月，北魏军至统万城。拓跋焘将大部队隐蔽在城北山丘深谷中，以少数兵力至城下挑战。夏军坚守不与北魏军决战。这时，夏军一将领狄子玉前来投降北魏军，并泄露夏军的作战意图：夏主赫连昌已派人调赫连定回援，赫连定认为统万城非常坚固，北魏军不可能一举攻克，因此他打算战败奚斤于长安后，再回援统万城，到时内外夹击北魏军，将北魏军一举歼灭。因此，夏主赫连昌采取了固守待援的方针。

恰巧，此时北魏军中有一犯罪的士兵出逃至夏军内，告诉夏军说："北魏军粮尽，辎重在后，步兵亦未到，宜速击之。"赫连昌听了此话，深信不疑。于是他亲率步骑三万出城迎战。拓跋焘见敌军出战，喜不自胜。为诱夏军深入并助长其骄气，北魏军向西北方向佯装退却。夏军出城追击北魏军。这时，天气突变，骤然刮起东南大风，飞沙满天，雨随风至，赫连昌之军利于顺风追击，便趁势猛攻北魏军，形势对北魏军很不利。但拓跋焘坚定地指挥作战。他除派兵正面迎击敌军外，又将骑兵分为左右两队，绕道截断夏军后路，从背后顺风向夏军反突击，将不利变为有利。激战中，拓跋焘身先士卒，虽身中飞箭，仍带伤奋勇杀敌。在北魏军的前后夹击、拼死力战下，夏军被杀一万余人，赫连昌来不及回城，率残部逃往上邽(今甘肃天水市)。北魏军乘胜攻下统万城。赫连定却没能攻下长安，他听说统万城失守，也退逃至上邽。北魏军取得了统万城之战的最后胜利。

不久，北魏军进军上邽，夏国灭亡。

从北魏与大夏的统万城之战中，我们不难看到在古代不仅仅是汉族的军事统帅将孙子的军事思想作为指挥作战、克敌制胜的指导，而且，受到汉民族文化影响的少数民族将领也对其十分推崇。我们从拓跋焘对于攻打坚城的弊端的认识中，从拓跋焘为尽量避免自己军队屯兵坚城而陷入进退两难的境地而作出的决策中，都能够清楚地看出这种情形。正是因为拓跋焘对于长途奔袭敌国的弊端有所认识，因此他采取了诱敌出城的策略，抓住了敌人援军未到的有利时机，以速战取得了这次战斗的胜利，既避免了攻坚战，又避免了受到敌军的内外夹击,可以说是运用《孙子兵法·作战篇》指导思想克敌制胜的成功范例。

反观夏军之失败,其主要原因固然是其本身奴隶制政权及其恐怖统治的不得人心,军事、经济实力弱于北魏,但仅就其军事指挥而言,赫连昌指挥作战的缺陷也是十分明显的。在北魏军第一次渡过黄河袭击统万城之后,夏军仍没有注意加强黄河天险一带的战略防御,反而分散兵力去攻打长安,使北魏有了发动袭击统万城的时机;在北魏军逼近统万城之时,赫连昌没有认真分析出城速战之利弊,听信诳语,中了北魏诱敌之计,临时改变以逸待劳、固守待援的作战计划,轻率出城迎战,结果造成兵败城破、丧师灭国的遗恨,其教训值得后代兵家深思。

小百科/XiaoBaiKe

中国古代有十八般武器,长款武器有枪、矛和戟等。一般来说,矛是最长的武器,有丈八蛇矛之称。在古代车战时代,两军对垒相对较远,非长兵器不能及,故以枪、矛为主要进攻武器,而辅之弓弩。近代以来,火器盛行,古兵刃淘汰殆尽,长矛也最终落得被人遗弃的下场。

谋攻篇

孙子曰：凡用兵之法，全国为上，破国次之；全军为上，破军次之；全旅为上，破旅次之；全卒为上，破卒次之；全伍为上，破伍次之①。是故百战百胜，非善之善者也②；不战而屈人之兵，善之善者也。

故上兵伐谋，其次伐交，其次伐兵，其下攻城。攻城之法，为不得已。修橹轒(fén)辒③(yūn)，具器械，三月而后成；距闉④(yīn)，又三月而后已。将不胜其忿而蚁附之⑤，杀士三分之一而城不拔者⑥，此攻之灾也。

故善用兵者，屈人之兵而非战也⑦，拔人之城而非攻也⑧，毁人之国而非久也⑨，必以全争于天下⑩，故兵不顿而利可全⑪，此谋攻之法也。

故用兵之法，十则围之，五则攻之，倍则分之⑫，敌则能战之⑬，少则能逃之⑭，不若则能避之⑮。故小敌之坚，大敌之擒也。

夫将者，国之辅也⑯。辅周则国必强⑰，辅隙则国必弱⑱。

故君之所以患于军者三⑲：不知军之不可以进而谓之进，不知军之不可以退而谓之退，是谓縻(mí)军⑳。不知三军之事，而同三军之政者㉑，则军士惑矣；不知三军之权，而同三军之任㉒，则军士疑矣。三军既惑且疑，则诸侯之难至矣。是谓乱军引胜㉓。

故知胜有五：知可以战与不可以战者胜；识众寡之用者胜㉔；上下同欲者胜㉕；以虞待不虞者胜㉖；将能而君不御者胜㉗。此五者，知胜之道也㉘。

故曰：知己知彼者，百战不殆；不知彼而知己，一胜一负㉙；不知彼，不知己，每战必殆。

①军、旅、卒、伍：春秋时军队编制单位。一万两千五百人为军，五百人为

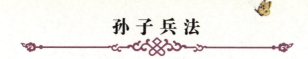

旅,一百人为卒,五人为伍。

②非善之善者也:不是好中最好的。

③修橹轒辒:制造大盾和攻城的四轮大车。修,制作、建造。橹,藤革等材料制成的大盾牌。轒辒,攻城用的四轮大车,用桃木制成,外蒙生牛皮,可以容纳兵士十余人。

④距闉:距,通"具",准备。闉,通埋,土山,为攻城作准备而堆积的土山。

⑤将不胜其忿而蚁附之:胜,克制、制伏。忿,忿懑、恼怒。蚁附之,指驱使士兵像蚂蚁一般爬梯攻城。

⑥杀士三分之一而城不拔者:士,士卒。杀士三分之一,即使三分之一的士卒被杀。拔,攻占城邑或军事据点。

⑦屈人之兵而非战也:言不采用直接交战的办法而迫使敌人屈服。

⑧拔人之城而非攻也:意为夺取敌人的城池而不靠硬攻的办法。

⑨毁人之国而非久也:非久,不是旷日持久。指灭亡敌人之国无须旷日持久。

⑩必以全争于天下:全,即上言"全国"、"全军"、"全旅"、"全卒"、"全伍"之"全"。此句意为一定要根据全胜的战略争胜于天下。

⑪故兵不顿而利可全:顿,同"钝",指疲惫、挫折。利,利益。全,保全、万全。

⑫倍则分之:倍,加倍。分,分散。有两倍于敌人的兵力,就设法分散敌人,造成局部上的更大优势。

⑬敌则能战之:敌,指兵力相当,势均力敌。能,乃、则的意思。此处与则合用,以加重语气。此句言如果敌我力量相当,则当敢于抗击、对峙。

⑭少则能逃之:少,兵力少。逃,逃跑、躲避。

⑮不若则能避之:不若,不如。指实际力量不如敌人,则避其锋芒,谋求后进。

⑯国之辅也:国,指国君。辅,原意为辅木,这里引申为辅助、助手。

⑰辅周则国必强:言辅助周密、相依无间国家就强盛。周,周密。

⑱辅隙则国必弱:辅助有缺陷则国家必弱。隙,缝隙,此处指有缺陷、不周全。

⑲君之所以患于军者三:君,国君。患,危害。意为国君危害军队行动的

情况有三个方面。

⑳是谓縻军:这叫做束缚军队。縻,束缚、羁縻。

㉑不知三军之事,而同三军之政者:不了解军事而干预军队的政令。三军:泛指军队。春秋时一些大的诸侯国设三军,有的为上、中、下三军,有的为左、中、右三军。同,此处是参与、干预的意思。政,政务,这里专指军队的行政事务。

㉒不知三军之权,而同三军之任:不清楚军队行动的权变灵活性质,而直接干预军队的指挥。权,权变、机动。任,指挥、统率。

㉓是谓乱军引胜:乱军,扰乱军队。引,失去之意。此言自乱军队,失去了胜机。

㉔识众寡之用者胜:能善于根据双方兵力对比情况而采取正确的战略,就能取胜。众寡,指兵力多少。

㉕上下同欲者胜:上下同心协力的能够获胜。同欲,意愿一致,指齐心协力。

㉖以虞待不虞者胜:自己有准备对付没有准备之敌则能得胜。虞,有准备。

㉗将能而君不御者胜:将帅有才能而国君不加掣肘的能够获胜。能,有才能。御,原意为驾驭,这里指牵制、制约。

㉘知胜之道也:认识、把握胜利的规律。道,规律、方法。

㉙一胜一负:即胜负机会各半,指没有必胜的把握。

译文

孙子说:战争的一般原则是,以能使敌国完整无损地降服为上策,而攻破敌国使其残缺受损便略逊一筹;能使敌军将士全员降服为上策,而用武力击败敌军便略逊一筹;能使敌人全旅将士完整无缺、全员降服为上策,而用武力击溃敌人一个旅便略逊一筹;能使敌人全卒官兵降服为上策,击溃一卒兵众则略逊一筹;能使敌人全伍士卒全部降服为上策,击溃一伍士卒略逊一筹。所以,百战百胜,虽然高明,但不是最高明的;不用武力进攻就能使敌人降服,才是最高明的。

所以说,用兵作战的最高追求是用谋略战胜敌人,其次是运用外交手段取得胜利,再次是用军事手段去夺取胜利,攻打敌国城池是最差的选择。采用强攻城池的战术,是不得已而为之。要攻打敌人城池,制造攻城用的大盾牌和大型战车,准备好各种攻城用的器具,需要数月时间才能完成。堆筑攻城用的小土山,又需要几个月的时间才能结束。然后,将领难以抑制自己的愤怒,驱赶士兵像蚂蚁一样爬云梯攻打敌城,结果可能是士兵死伤三分之一,而敌城还是未能攻破。这就是攻城造成的灾难。

所以,善于指挥战争的人,往往是降伏敌人的军队而不通过战场厮杀的方式;夺取敌人的城池而不用强攻的手段;毁灭敌人的国家,也不需要旷日持久的征战讨伐。他们务求用完整全面的胜利而称霸于天下。这样,自己的军队不至于疲钝折损,而胜利已经全面地获得了。这正是以谋略克敌制胜的基本准则。

因此,用兵打仗的战术方法是,我方的兵力十倍于敌人时,便把敌军围困起来(加以聚歼或威逼其投降);我军的兵力五倍于敌人时,便对敌军发起猛烈攻击;我军的兵力两倍于敌人时,就要设法分散敌人;敌我双方的兵力相当时,就要敢于抗击对峙;我军兵力比敌军少时,就应该设法防守;我军的实力不如敌人时,就应该尽量避免与其交战。因为,弱小的军队如果一味硬拼,就必然会被实力强大的军队制伏擒获。

将帅是国家的支柱,对国君辅佐得周详严密,国家就必定强盛;辅佐得有缺陷漏洞,国家就必然衰弱。国君给军事行动带来灾难的情况有三种:军队不能够进攻而强迫军队进攻,军队不能够撤退而命令军队撤退,这是对军队的束缚;不懂得军队的管理,却干预军队的管理政务,就会使将士们困惑不解;不懂得军队作战的权谋变化,而参与军队的指挥,就会使将士们疑虑重重。全军上下既迷惑又疑虑,各诸侯国乘机进犯的灾难就到来了。这就是所谓的自乱军队,而在无形之中使得敌国取胜。

所以,要预测胜利必须具备五个条件:清楚地知道什么情况下可以与敌人作战,什么情况下不可以与敌人作战的,能够获胜;懂得根据兵力的多少而采取不同战略战术的,能够获胜;将帅与士兵同心同德、同仇敌忾的,能够获胜;以充分周密的准备去对付毫无准备的敌人的,能够获胜;将帅有才能而国君不加约束的,能够获胜。这五条,是预测胜利的方法。

所以说:既了解敌方情况,又了解我方情况,便能百战百胜,不会有失败;不了解敌方情况,只了解我方情况,胜败机会均等;既不了解敌方情况,又不了解

我方情况,那么,每次战斗便必然会失败。

战例

【晋楚城濮之战】

公元前632年的晋楚城濮之战,是春秋时期晋、楚两个诸侯国争霸中原的一次战争。在战争之初,楚国的实力强于晋国,而且楚国有多个盟国,声势浩大。城濮之战以楚国出兵攻宋,宋成公派人来晋求救为引子展开。但宋国并不靠近晋国,远道救宋,必经楚国的盟国曹、卫,形势于晋不利。可是,晋军谋划了正确的战略战术,使用谋略得到了齐、秦两个大国的援助,取得了"伐交"、"伐谋"方面的优势,最终大败楚军,争得了中原霸主的地位。城濮之战中晋军的胜利,是《孙子兵法·谋攻篇》中"战胜策"的范例,晋军的取胜,不是靠实力,而是胜在谋略。

春秋时期,地处江汉之间的楚国逐渐强大,它统治着西南和东面的许多小国和部落。在楚文王时期,楚国开始北上,向黄河流域进军,攻占了申,并使蔡国屈服。楚成王继位后,齐国崛起,齐桓公称霸中原,楚国难以再向北扩张。齐桓公死后,齐国内乱,霸业衰落,这时楚国乘势向黄河流域扩张,控制了鲁、宋、郑、陈、蔡、许、曹、卫等小国。公元前638年,楚军在泓水之战中打败了宋襄公,开始向中原发展,以求霸业。

正当此时,中原的晋国也逐渐强盛起来。公元前636年,流亡在外十九年的晋公子重耳在秦国的帮助下回国继位,为晋文公。晋文公继位后,推行了一系列积极的改革措施和外交活动,逐步具备了争夺中原霸权的强大实力。

在晋文公继位之初,周襄王遭到他兄弟叔带勾结敌人的攻击,王位丢失,晋文公及时抓住了这个尊王的好机会,平定了周室的内乱,护送周襄王回到洛邑。襄王以晋文公勤王有功,便赐以阳樊、温、原等地。晋文公遂命赵衰为原大夫,狐溱为温大夫,经营这一对争霸中原有战略意义的地区。晋文公抓住了"尊王"这块招牌,提高了在诸侯中的地位。晋国的强大引起了楚国的不安。楚国急于阻止晋国的进一步向南发展,而晋国要想夺取中原霸权,就必须与楚国较量不可。因此,晋、楚之间的矛盾日益尖锐起来。

而宋国因在泓水之战中被楚国击败,宋襄公受伤而死,宋成公不甘心对楚国屈服,看到晋文公继位后晋国实力日增,也就转而投靠晋国。楚国为了保持其在中原的优势地位,便出兵攻打宋,并借以阻止晋国向南扩张。晋国把握这次机会,以救宋为名,出兵中原。于是,晋楚两国的战争便爆发了。

公元前633年冬,楚成王率领楚、郑、陈、蔡等多国军队进攻宋国,围困宋都商丘,宋国的司马公孙固到晋国告急求援。晋文公和群臣商量是否出兵及如何救宋。大夫先轸力劝晋文公出兵救宋,他认为,救宋既能"取威定霸",又报答了以前晋文公流亡到宋国时宋君赠送车马的恩惠。但是宋国不靠近晋国,劳师远征救宋,必须经过楚国的盟国曹、卫,而且楚军实力强大,正面交锋必遭曹、卫两国抵抗,那时楚国必定移兵相救,这时,宋国的危险便可解除。晋文公听取了他的建议。尽管如此,晋国感到真正的敌人还是楚,要对付如此强大的敌人,必须进行较充分的准备。晋国按照大国的标准,扩充了军队,任命了一批比较优秀的贵族官吏出任军队的将领。

经过充分的准备,晋文公于公元前632年初将军队集中在晋国和卫国的边境上,借口当年曹公侮辱过他,要求借道卫国进攻曹国,卫国拒绝了。晋文公调回军队,绕道渡过黄河,出其不意,直捣卫境,先后攻占了五鹿及卫都楚丘,继而攻占了整个卫地。晋军接着又向曹国发起了攻击,在这年三月,攻克了曹国都城,俘虏了曹国国君。

晋军攻占了曹、卫两国,但楚军却依然用全力围攻宋都商丘,宋国又派人向晋求救兵。晋文公开始左右为难了。若不出兵救宋,宋国国力不支,一定会降服于楚;若出兵救宋,自己兵力单薄,没有必胜的把握,何况直接与楚发生冲突,会背上忘恩负义之名(晋文公当初流亡路过楚国时,楚成王招待他非常周到,不仅留他住了几个月,最后还派人护送他到秦国)。正在此时,先轸分析了楚与秦、齐两国的矛盾,建议让宋国表面上同晋国疏远,然后由宋国出面,贿赂齐、秦两国,由它们去请求楚国撤兵,晋国则把曹、卫的土地给宋国一部分。楚国同曹、卫本是结盟的,看到曹、卫的土地为宋所占,必定会拒绝齐、秦的劝解。这样楚国就将触怒齐、秦,它们就会站在晋国一边,出兵与楚作战。晋文公对此计十分赞赏,且马上施行。楚国果然上当中计,拒绝了秦、齐的调停。而齐、秦见楚国不听劝解,大为恼怒,便出兵助晋。齐、秦的加盟,使晋、楚双方的力量对比发生了根本性的变化。

楚成王得知齐、秦与晋联盟,局势不妙,就令楚国军队全线撤退到楚地申,

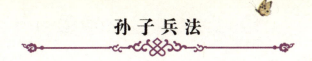

以防秦军出武关袭击它的后方。同时命令成守谷邑的大夫申叔迅速撤离齐国，命令尹子玉将楚国主力撤出宋国。子玉对楚成王回避晋军很不满意，他对成王说："您过去对晋侯那么好，他明明知道曹、卫是楚的盟国，与楚的关系密切，还有意去攻打它们，这是不把您放在眼里。"楚成王说："晋侯在外流亡了十九年，遇到很多困难，而最后终于能够回国取得君位，他尝尽艰难，充分了解民情，这是上天给他的机会，我们不能取胜于他。"但是子玉却目中无人，骄傲自大，听不进楚成王的劝告，仍要求楚王允许他与晋军决战，并请求增加兵力。楚成王勉强同意了他的请求，但不肯给他多增加兵力，只派了少量兵力去增援他。于是，子玉以统帅身份向陈、蔡、许、郑四路诸侯发出命令，约定同时出兵。他的儿子也带了六百家兵相随。子玉自率中军，以陈、蔡两路兵将为右军，许、郑两路兵将为左军，风驰电掣，直向晋军攻去。

子玉逼近晋军后，为了寻求决战的借口，派使者宛春故意向晋军提出一个"休战"的条件：晋军必须撤出曹、卫，让曹、卫复国，楚军则解除对宋都的围困，从宋国撤军。晋国中军统帅先轸提出一个将计就计的对策，以曹、卫与楚国绝交为前提，私下允许让曹、卫复国。同时，扣押楚国的使者，以激怒子玉来战。晋文公采纳了他的计策。子玉得知曹、卫叛己，使者又被扣，便恼羞成怒，倚仗着楚国的兵力强大，贸然带兵扑向晋军，欲决一死战。

晋文公见楚军来势凶猛，就命令晋军后撤，以避开它的锋芒。将领们问晋文公："没有交手，为什么就后退呢？"文公说："我以前在楚时曾有过誓言，如果晋、楚万一发生了战争，我一定退避三舍。我是遵守诺言的。"实际上，晋军"退避三舍"（九十里）后，退到了卫国的城濮，这里距离晋国比较近，后勤补给、供应方便，又便于齐、秦、宋各国军队会合。在客观上，"退避三舍"也能起到麻痹楚军、争取舆论同情、诱敌深入、激发晋军士气等作用，将晋军的不利因素变为了有利因素，为夺取决战胜利奠定了基础。

晋军退到城濮。这时，齐、秦、宋各国的军队也陆续到达城濮和晋军会师。晋文公检阅了军队，认为可以与楚军决战。在这个时候，楚军追了九十里也到达城濮，选择了有利的地形扎下营，随后就派使者向晋文公讨战。晋文公很有礼貌地派使者回复子玉说："晋侯只因不敢忘记楚王的恩惠，所以退避到这里。既然这样仍得不到大夫（指子玉）的谅解，那也只好决战一场了。"于是双方约定开战的时间。

公元前632年四月，晋楚两军同时发令布阵进攻。晋军针对楚军中军强大、

左右翼军薄弱的部署特点和楚军统帅子玉骄傲轻敌、不谙虚实的弱点，发起了有针对性的攻击。晋下军佐将胥臣把驾车的马蒙上虎皮，出其不意地首先向楚军的右军发起突然进攻，使楚军惊慌失措，弃阵逃跑，楚右翼全军覆没了。

晋军同时也把进攻的矛头指向楚左军。晋上军主将狐毛在指挥车上故意竖起两面镶有彩带的大旗，非常醒目，很远就能看见。狐毛和许、郑联军一接触，就故意败下阵来。逃跑时，在车的后面拖了很多的树枝，树枝刮起了尘土，遮天蔽日，给在高处观阵的子玉造成了错觉，以为晋军溃不成军了，于是急令左翼部队奋勇追杀。晋中军统帅先轸等见楚军已被诱至预设地点，便指挥中军横击楚军，晋上军主将狐毛回军夹击楚左军。楚左军退路被切断，陷入重围，几乎全部被歼灭。子玉见左右翼军都已失败，急忙下令收兵，才保住中军，退出战场。城濮之战最终以晋胜楚败而告终。

晋在城濮之战的胜利，首先在于晋国君臣能够准确分析交战之初的客观形势及利弊，制定出了先胜弱敌，避免过早与楚正面交锋，争取齐、秦两国支持的战略。然后，在决战之时，晋军敢于先退一步，避开楚军的锋芒，以争取政治、军事上的主动。另外，晋军"知己知彼"，能根据敌人的作战部署，灵活选择主攻方向，先攻敌人的薄弱环节，各个击破，因而获得了这场战争的胜利。纵观城濮之战的整个过程，我们得出这样的结论：克敌制胜的上策在于以谋略战胜敌人。

【烛之武退秦师】

公元前630年，晋文公在城濮之战中战胜楚国之后，已在诸侯中赢得了霸主地位。这一年，晋文公因记起郑国在城濮之战中曾加盟楚国，出兵参战与他为敌的新仇，加之他曾在流亡时期经过郑国而没受到郑君的礼遇的旧恨，于是极为恼怒，联合了秦穆公进攻郑国。

郑国是一个小国，在秦、晋两个大国的军队兵临城下的危急时刻，郑国国君郑文公连夜召集文武百官商量对策。文官武将们一致认为，以郑国的实力，是不足以抵抗秦、晋两国军队的联合进攻的，最好的办法是派出使者，在秦、晋两国的关系上做文章，晓之以利弊，说服秦国退兵。这样，晋国便孤掌难鸣，极有可能会停止对郑国的进攻。

孙子兵法

郑文公采纳了这一退兵策略,决定派富有外交经验、善于辞令的大臣烛之武前去说服秦国退兵。

当时,秦国的军队驻扎在城东,晋军驻扎在城西。当夜,郑国守城的官兵用绳子系在烛之武的腰上,将他送下城,烛之武出城后,直奔秦军营前,要求见秦穆公。穆公手下的人将他带到秦穆公跟前。烛之武见到秦穆公,便开门见山地对秦穆公说:"秦、晋两国的军队包围了郑国,郑国知道它即将灭亡了,如果郑国灭亡对秦国有好处的话,我就不用来见穆公您了。"接着,烛之武从晋、秦、郑三国的地理位置入手,分析灭郑对秦、晋之利弊。他说:"您知道,我们郑国在东,秦国在西,中间隔着晋国,郑国灭亡以后,秦国能越过晋国的国土来占领郑国吗?我们的疆土将只能被晋国占领。秦晋两国本来力量相当,势均力敌。如果晋国得到了郑国的土地,它的实力就会比现在更强大,而贵国的势力就会相应减弱。您现在帮助晋国强大起来,对贵国有百害而无一利,将来只会反受其害。况且,晋国的言而无信您难道忘了吗?当年晋惠公逃到秦国,请求穆公您的帮助,答应在事成之后以黄河以外的五座城作为酬谢。于是您帮助他回国做了国君,晋惠公回国后不仅违背这些许诺,而且修筑城墙准备与秦对抗。现在晋国天天扩军备战,其野心根本不会有满足的时候。他们今天灭了郑国,往东面扩大了自己的疆土,难保明天不会向西边的秦国扩张。您如果肯解除对郑国的包围,我们郑国将与秦国交好。今后,贵国使者经过郑国的时候,我们一定尽主人之道,好好招待贵宾。这对你们有何危害呢?"

烛之武的一番话,讲得有理有据,利害分明,使秦穆公意识到灭郑确实是于己无利的。于是秦穆公答应立即撤兵,并且和郑国订立了盟约。秦国军队悄悄地班师回国了,还留下了杞子等三位将军带领部分秦兵,帮助郑国守城。

晋文公见秦穆公不辞而别,非常气愤,怎奈孤掌难鸣,于是也偃旗息鼓,撤军回国了。

在《孙子兵法·谋攻篇》中,孙子提出夺取胜利的两种策略,一种是不战而胜的策略;另一种是获胜的战略,即通过交战夺取胜利。烛之武退秦师就是不战而胜的战例。烛之武之所以能顺利地说服秦穆公退兵,关键在于抓住了灭郑对秦、晋的利害关系。烛之武通过分析,让秦国看到了灭郑于秦不仅不利,而且有害;同时,烛之武在秦、晋关系上做文章,指出晋国言而无信,谋求霸权,贪得无厌,是不可合作共事的,从而破坏了秦、晋的联盟。烛之武在论说灭郑之害时,始终从秦国的立场出发,处处为秦设想,以事实为依据,把秦、晋联合灭郑的害处分

析得十分透彻,终于使得秦穆公撤兵回国。由于郑国在生死存亡的关键时刻成功地实施了"伐交"策略,因而取得了使秦、晋两国不战自退的效果,解除了灭国之危。

【晏婴智挫晋谋】

齐国曾是春秋战国时期的第一个霸主,齐桓公曾经九合诸侯。但是,齐国在齐桓公死后就逐渐衰败了。过了一百年,齐景公当上了国君,并任用了晏婴等一批贤臣,使齐国重新走上繁荣的道路。

齐国的繁荣和强盛使中原的霸主——晋国感到不安。晋平公为了向诸侯各国显示一下自己"霸主"的实力和不可动摇的地位,就想征伐齐国,给齐国一点儿厉害看看。为了探清楚齐国的虚实,晋平公派大夫范昭出使齐国。

范昭到了齐国,齐景公设宴盛情款待晋国使者。酒到酣处,范昭对齐景公说:"请大王把酒杯借我用一下。"齐景公不知其意,便吩咐侍从把自己的酒杯斟满,为范昭敬酒。侍从倒满酒后,恭恭敬敬地送到范昭面前,范昭端起酒,一饮而尽。

晏婴把范昭的举止和神色看在眼里,大为愤怒,厉声命令斟酒的侍从:"撤掉这个酒杯! 给国君换一个干净的。"

范昭闻言,吃了一惊。此计不成,又心生一计。于是,他干脆假装喝醉,站起身,手舞足蹈地跳起舞来,边舞边对乐师说:"请给我奏一曲成周之乐,以助酒兴! "

乐师从晏婴命令侍从撤杯的举动中看出了范昭的用意,站起来对范昭说:"下臣不会奏成周之乐。"

范昭连讨没趣,借口已经喝醉,告辞回驿馆去了。

齐景公见范昭不悦而去,心中不安,责怪晏婴说:"我们要跟各国友好往来,范昭是上国使者,怎么能惹怒人家呢? "

晏婴回道:"范昭不过是借喝醉为由来试探我国的实力,为臣这样做,正是要挫掉他的锐气,使他不敢小看我们。"

乐师也跟着说:"成周之乐是供天子使用的,范昭不过是个小小使者,他也

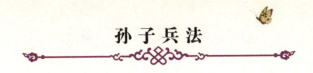

太狂妄了。"

齐景公顿时恍然大悟。

第二天，范昭拜见齐景公，连连向齐景公道歉，说自己酒醉失礼。齐景公回了几句客套话，然后派晏婴带范昭去齐国的军营和街市上参观，以此宣扬齐国的国威。

范昭回国后，不无感触地对晋平公说："齐国国力不弱，群臣同心同德，暂时不可图谋。"

晋平公听后打消了攻伐齐国的念头。

【古巴导弹危机】

古巴距美国佛罗里达州只有二百余公里，中间只隔着一个狭窄的佛罗里达海峡。1959年古巴革命胜利后，美国一直企图推翻古巴政府，在此情形下，古巴与苏联迅速接近，苏联趁机从各方面控制古巴。1962年，美国政府得知苏联领导人赫鲁晓夫要在古巴部署导弹，立即紧急行动起来。当时的美国总统肯尼迪于10月22日向全世界发表了态度极其强硬的电视讲话："苏联即将在古巴部署针对美国的中程核导弹发射场，这对所有美洲人的和平与安全都构成巨大的威胁，美国绝不能容忍他们这样做。即使是面临一场世界大战的危险，我们也绝不后退！"肯尼迪又声色俱厉地说："我已下令对古巴实行封锁，检查一切运往古巴的战略进攻性军事装备。如果苏联强行闯过封锁线，那就意味着一场巨大的军事冲突，那将是一场不可避免的核大战，美国武装部队已作好了一切准备。"一时间，驻扎在全球各地的美军都进入最高戒备状态，核潜艇进入临战状态，百分之五十的战略轰炸机满载武器在空中盘旋。

美国的盟友英国、法国、西德一致抨击苏联的轻举妄动。

赫鲁晓夫对美国及其盟友的警告嗤之以鼻，他认为肯尼迪不过是在"演戏"而已，照旧我行我素，命令舰队载着SS-4中程核导弹缓缓向古巴驶去。

10月24日，美军U-2侦察机发现了驶向古巴的苏联舰队。肯尼迪立即下令美国军舰迎头拦截，同时通过各种途径使赫鲁晓夫得知：美国人已作好了核战争的准备，宁可冒核大战的危险，也绝不让苏联在古巴部署导弹！千方百计向赫鲁

晓夫施加压力。

两支舰队越来越近。

美海军士兵向苏联舰队发出减速的信号，但苏联舰队既不回答美舰信号，也不减速……

美国舰队的官兵紧张得喘不过气来，令他们大惑不解的是：苏军舰队上的官兵全是一副若无其事的面孔，他们没有作出任何开战的准备。

原来，苏军舰队没有接到任何作战的命令。就在两支舰队在一分一秒地接近时，赫鲁晓夫正通过无线收报机紧张地关注着海面上的情况——赫鲁晓夫终于"相信"肯尼迪不是在"演戏"了，克格勃向他报告：美国人要不惜一切代价阻止他们在古巴部署核导弹。赫鲁晓夫打了个冷战，真要打一场核大战，苏联也许不是美国的对手——论核弹头，美国是苏联的六倍到九倍；论洲际核导弹，美国至少要比苏联多一百五十枚，论洲际核战略轰炸机，美国要比苏联多四百架；美国的北极星导弹潜艇拥有约一百四十四枚核导弹，苏联则没有……

这是一场实力威慑和心理意志的较量。

双方舰队的官兵可以相互看见对方的容颜了。美军再次发出信号，要求苏联军舰减速，美方要登舰检查……

赫鲁晓夫再也支撑不住了，只好发出命令："返航！全部返航！"

"强大"的苏联舰队在美国海军舰队的紧逼下，在海面上来了个一百八十度的大转弯。

经过双方私下密谈，28日赫鲁晓夫终于正式同意，从古巴撤回导弹，12月21日又同意在三十日内撤走伊尔-28轰炸机。同时，美国也宣布结束封锁。

在两个超级大国相斗中，肯尼迪赢了——没有花费一枪一弹。

【李世民退突厥】

武德七年（公元624年）八月，突厥的颉利可汗和突利可汗率领全国兵马进犯大唐边境，营帐连接，向南进军。唐高祖李渊派秦王李世民率领军队抵抗。恰好关中地区下雨，下了很久都不停，粮食运输受阻，将士们因行军跋涉而疲惫不堪，兵器锈钝，器械残破，朝廷百官与军中将领都很担忧。

李世民在幽州与突厥相遇。十二日，突厥骑兵一万多人突然奔到幽州城西面，在五陇阪布阵，唐军将士皆为震惊，恐惧不已。李世民对李元吉说："现在突厥进逼我军，我们不能向他们示弱，应当与他们决一死战，你能和我一起去吗？"李元吉害怕地说："突厥军队的阵势这么强大，为什么要轻易出击？万一失利，后悔还来得及吗？"李世民说："既然你不敢出战，我就独自前往，你留在这里观望吧。"李世民就率领骑兵，疾驰到突厥阵前，对他们说："我国与可汗和亲，你们为什么违背盟约，深入到我国的领土来？我是秦王李世民，如果可汗能够战斗，就独自出来与我比试。如果可汗让大家一齐上，我就只用这一百名骑兵抵挡。"颉利猜不出李世民的用意，只是笑了一笑，没有回答。

李世民又向前推进，派遣骑兵告诉突利说："以前你我订有盟约，约定有危难的时候互相援救。现在你却率领兵马进犯，哪里还有盟誓时的情谊？"突利也没有回答。

李世民又向前推进，准备渡过一条河沟。颉利看到李世民轻易出阵，又听到他说盟誓的话，怀疑突利与李世民有阴谋，于是派人阻止李世民，说："秦王不必渡过河沟，我没有别的意思，只想与秦王重申并加强盟约而已。"于是，颉利率领兵马稍稍后退。

此后的日子里，大雨仍然下个不停，李世民对众将领说："突厥兵倚仗的是弓箭，现在雨下个不停，弓上粘筋弦的胶融化松弛，弓箭不能用了，他们就像飞鸟折断了翅膀一样。我们居住在房屋里，吃熟食，兵器锐利，以逸待劳。不抓住这个机会，还要等到什么时候呢？"

李世民就在夜里偷偷出兵，冒雨前进，突厥军队大惊。李世民又派人向突利陈述利害关系，突利很高兴地听从了。颉利想要出战，突利不答应，颉利就派遣突利和他的堂叔夹毕特勒阿史那思摩，前来拜见李世民，请求和亲，李世民答应了。

此后突利主动拜见李世民，请求与李世民结拜为兄弟。李世民也以恩义安抚他，与他订下盟约，然后送他离去。一场血雨腥风，就在李世民运用谋略造势、变不利为有利的情况下化解了。

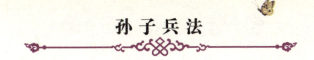

孙 子 兵 法

军形篇

原文

孙子曰：昔之善战者，先为不可胜[1]，以待敌之可胜[2]。不可胜在己，可胜在敌[3]。故善战者，能为不可胜，不能使敌之可胜[4]。故曰：胜可知而不可为。

不可胜者，守也；可胜者，攻也。守则不足，攻则有余[5]。善守者，藏于九地之下；善攻者，动于九天之上[6]，故能自保而全胜也。

见胜不过众人之所知[7]，非善之善者也；战胜而天下曰善，非善之善者也。故举秋毫不为多力，见日月不为明目，闻雷霆不为聪耳。古之所谓善战者，胜于易胜者也[8]。故善战者之胜也，无智名，无勇功，故其战胜不忒[9](tè)。不忒者，其所措必胜[10]，胜已败者也[11]。故善战者，立于不败之地，而不失敌之败也。是故胜兵先胜而后求战[12]，败兵先战而后求胜[13]。善用兵者，修道而保法[14]，故能为胜败之政[15]。

兵法：一曰度[16]，二曰量[17]，三曰数[18]，四曰称[19]，五曰胜。地生度[20]，度生量[21]，量生数[22]，数生称[23]，称生胜[24]。故胜兵若以镒(yì)称铢[25](zhū)，败兵若以铢称镒。胜者之战民也[26]，若决积水于千仞(rèn)之溪者[27]，形[28]也。

注释

①先为不可胜：为，造成、创造。不可胜，使敌人不可能战胜自己。此句意为先创造条件，使敌人不可能战胜自己。

②以待敌之可胜：待，等待、寻找、捕捉的意思。敌之可胜，指敌人可以被我战胜的时机。

③不可胜在己，可胜在敌：指创造不被敌人战胜的条件，在于自己主观的努力，而敌方是否能被战胜，取决于敌方自己的失误，而非我方主观所能

决定。

④能为不可胜，不能使敌之可胜：能够创造自己不为敌所胜的条件，而不能强令敌人一定具有可能被我战胜的时机。

⑤守则不足，攻则有余：采取防守的办法，是因为自己的力量处于劣势；采取进攻的方法，是因为自己的力量处于优势。

⑥"九地"、"九天"句：九，虚数，泛指多，古人常把"九"用来表示数的极点。九地，形容地深不可知。九天，形容天高不可测。此句言善于防守的人，能够隐蔽军队的活动，如藏物于极深之地下，令敌方莫测虚实；善于进攻的人，进攻时能做到行动神速、突然，如同从九霄飞降，出其不意，迅猛异常。

⑦见胜不过众人之所知：见，预见。不过，不超过。众人，普通人。知，认识。此句指预见胜利不会超过普通人的认识。

⑧胜于易胜者也：战胜容易打败的敌人(指已暴露弱点之敌)。

⑨不忒：忒，音"特"，失误，差错。"不忒"即没有差错。

⑩其所措必胜：措，筹措、措施。此处指采取必胜的作战措施。

⑪胜已败者也：战胜业已处于失败地位的敌人。

⑫胜兵先胜而后求战：胜兵，胜利的军队。先胜，先创造不可被敌战胜的条件。句意为能取胜的军队，总是先创造取胜的条件，然后才同敌人决战。

⑬败兵先战而后求胜：指失败的军队总是贸然开战，然后企求侥幸取胜。

⑭修道而保法：道，政治、政治条件。法，法度、法制。意为修明政治，确保各项法制的贯彻落实。

⑮故能为胜败之政：政，同"正"，引申为主宰的意思。为胜败之政，即成为胜败上的主宰。

⑯度：指土地幅员的大小。

⑰量：容量、数量，指物质资源的数量。

⑱数：数量、数目，指兵员的多寡。

⑲称：衡量轻重，指敌对双方实力状况的衡量对比。

⑳地生度：生，产生，言双方所处地域的不同，产生土地幅员大小不同之"度"。

㉑度生量：指因度的大小不同，产生物质资源多少的"量"的差异。

㉒量生数：指物质资源多少的不同，产生兵员多寡的"数"的差异。

㉓数生称：指兵力多寡的不同，产生军事实力的对比强弱的不同。

㉔称生胜：指双方军事实力对比的不同，产生、决定了战争由何方取胜。

㉕以镒称铢：镒、铢，皆古代的重量单位。一镒等于二十四两，一两等于二十四铢；铢轻镒重，相差悬殊。此处比喻力量相差悬殊，胜兵对败兵拥有实力上的绝对优势。

㉖胜者之战民也：战民，指指挥士卒作战。民，作"人"解，这里借指士卒、军队。

㉗若决积水于千仞之溪者：仞，古代的长度单位，七尺（也有说八尺）为一仞。千仞，比喻极高。溪，山涧。

㉘形：指军事实力。

译文

孙子说：从前那些善于用兵打仗的人，总是预先创造不被敌人战胜的条件，来等待可以战胜敌人的时机。做到不被敌人战胜，全靠自己的主观努力；能否战胜敌人，则在于敌人是否让我军有机可乘。所以，善于用兵打仗的人，能够做到不被敌人战胜，而不能做到使敌人必定被我所战胜。所以说：胜利是可以预见的，却是不可单凭主观愿望而强求的。

当无法战胜敌人时，应该注重防守；可能战胜敌人时，则应该发动进攻。实行防守，是因为对方兵力有余，而我方不足；采取进攻，是因为敌方兵力不足而我方有余。善于防守的军队，隐蔽自己就像藏于深不可知的地下一样，无迹可寻；善于进攻的军队，展开兵力就像从天而降一样，势不可当。所以，善防善攻的军队，既能保全自己，又能大获全胜。

预见胜利不超过一般人的见识，不能算是最高明的；打了胜仗而普天之下都说好的，并不见得就是最理想的胜利。这就像能举起秋毫那样细小的东西算不上力气大，能看见太阳月亮算不上眼睛明亮，能听见雷霆的声音算不上耳朵灵敏一样。古时候所说的善于用兵打仗的人，是指那些总能战胜容易被打败的敌人的人。这些善于用兵打仗的人取得了胜利，却并非靠着出奇制胜，或者是足

智多谋的名声和勇猛善战的功劳，而是因为他们不会出差错。之所以不会出差错，是由于他们所采用的作战方针是建立在必胜的基础上的，战胜的是那些已经陷于必败境地的敌人。所以，善于用兵打仗的人，总是使自己立于不败之地，而从不放过任何可以打败敌人的机会。因此，打胜仗的军队总是先取得必胜的条件，然后才寻找机会与敌人交战；打败仗的军队总是先与敌人交战，然后企图在战争中侥幸取胜。善于用兵打仗的人，能够修明政治，确保法度，所以能够掌握决定战争胜负的主动权。

军事上有五个范畴：一是"度"，二是"量"，三是"数"，四是"称"，五是"胜"。敌我双方所处的地域，产生土地幅员大小的"度"不同；敌我土地幅员的大小，产生双方人口和物质等资源多少的"量"不同；敌我人口和物质资源的数量，产生双方军队和兵员多少的"数"不同；敌我军队和兵员的多少，产生双方军事实力强弱的"称"不同；敌我军事实力的强弱，最终决定了战争的谁胜谁负。所以，胜利的军队对于失败的军队，就像用镒与铢相比较那样，占有绝对优势；而失败的军队对于胜利的军队，就像用铢与镒相比较，处于绝对的劣势。打胜仗的一方，指挥士兵作战，就像从万丈高山顶上挖开积蓄起来的溪流，顺山涧直泻而下，其势锐不可当。这就是敌人无法抗拒的形势——军事实力的表现。

战例

【伍子胥疲敌败楚】

春秋时期，吴王阖闾在大将孙武、大夫伍子胥、太宰伯嚭的辅佐下，国力大增。周敬王八年(公元前512年)，阖闾认为经过几年的奖励农商、修明法制、练兵习武、增修城池，可以攻打楚国了，于是召集孙武、伍子胥、伯嚭共议出兵大事。

孙武道："大王要远征楚国，军需用量极大，眼前时机尚不成熟。楚国地大物博、兵多将广，而我们吴国是个小国，人口少，物力也不够富足，要想打败楚国，还需要几年的准备时间，等条件更成熟，才能百战不殆。"

伍子胥因自己的父兄都被楚王杀害,急于报仇,又提出了一个"疲楚"的战略:把吴国的士兵分为三军,每次用一军去袭扰楚国的边境,一军返回,另一军则出发,这样,自己的军队可以得到充分的休整,而使楚国的军队疲于奔命,消耗实力。

孙武和伯嚭也都认为伍子胥的计策切实可行。于是,第二年,阖闾开始实施伍子胥的"疲楚"计划:派一支部队袭击楚国的六城和潜城,楚国急忙调兵援救潜城,吴兵则已离开潜城攻破了六城,杀伤很多楚兵,并掳走了一批物资。过了一些日子,吴兵又攻击楚国的弦城,楚国慌忙调兵奔走数百里援救弦城,但是,援军还没有赶到弦城,吴兵已撤退回国了。楚军累得精疲力竭却一无所获。一连六年,吴国用此"疲楚"之计使楚国士卒疲于奔走,消耗了大量实力。百姓不能安心生产,人心惶惶。

六年间,又由于楚昭王年幼,权奸当道,国力大衰。公元前506年,楚国令尹囊瓦攻打蔡国,蔡国联合唐国派使臣向吴国求救,阖闾认为这是一个出兵攻楚的大好时机,再次召集伍子胥、孙武和伯嚭商议出兵之计,伍、孙、伯三人一致同意阖闾的意见。这一年冬天,阖闾亲率伍子胥、伯嚭、孙武,倾全国的军队誓师伐楚。

楚军连年奔走作战,实在是"疲劳"至极,边境防务十分薄弱。因此,吴军长驱直入,迫近汉水方才遇到囊瓦的"阻挡"。决战时刻,吴军士气旺盛,而楚军战战兢兢,勉强应战。双方军队一接触,楚军就土崩瓦解,囊瓦率先逃走,大夫史皇战死,吴军乘胜追击,接连在郧、随和雍澨一带大败楚军,然后渡过汉水,直奔楚国都城郢(今湖北荆州市江陵区西北),吴军连续打了五次胜仗,迅速攻占郢,楚昭王带着妹妹仓皇出逃,才没有被吴军俘虏。

【秦赵邯郸之战】

公元前262年,秦国侵略韩国,占领了韩国的汾陉、高平、少曲、野王地区。韩王恐惧万分,忙派使者入秦,表示愿献出上党郡求和。但上党郡太守冯亭不愿献地入秦,他为了转移矛盾,减轻秦国对韩国施加的压力,就将上党郡献给了赵

国。赵王贪利受地，引起了秦国的极度不满，于是出兵攻赵，爆发了长平之战。长平之战是以秦胜赵败而告终的，秦国以赵国割地六城与秦而撤军。但是，赵国在秦国撤兵后，又私下违约，因而激怒了秦国，秦国便出兵至邯郸，引发了邯郸之战。

秦国撤兵后，赵王准备按照和约割让六城与秦。赵相虞卿反对，他分析说，秦国撤兵是由于师劳兵疲，力量不足，如果现在把它没能攻取的土地送给它，这与鼓励秦国攻打赵国无异。如果每年割六城给秦，那么赵国很快就割完了，而秦国的贪婪之心愈发之大，那样的话赵国必亡。他向赵王建议以六城贿赂齐国，因齐与秦结怨较深，齐得到赵国的六城后，必愿与赵合力攻秦，如此，赵国虽失地于齐，然而可取秦地以补损失。那时秦必反向赵求和。韩、魏也会尊重赵国，从而与齐、韩、魏结成联盟。赵王采纳了虞卿的建议，同时料定秦国不会善罢甘休，便积极进行抗秦准备。

赵国吸取了长平之战的教训，制定了一系列内政外交策略。对内，赵国君臣努力缓和内部矛盾，齐心协力，治理国家。他们努力发展农业生产以增强国力，抚养孤幼以增加人口，整顿兵甲以增强战斗力，与此同时，还利用人民对秦军在长平坑杀赵军降卒暴行的愤恨来激励全国军民同仇敌忾，这样便造成了全国上下奋起抗秦的有利态势。对外，赵国积极开展合纵活动。赵王派虞卿东见齐王，商议合纵抗秦的计划；利用魏国使者来赵谋议合纵的机会，同魏国签订了合纵的盟约；同时与楚国建立联系；除此之外，还对韩、燕两国极力拉拢。这一切，促成了反秦联合力量的形成，使得反秦统一战线建立起来。

秦昭王果然因赵国没有如约割地，反而联合各诸侯国与之为敌而愤恨不平，遂于公元前259年秋发兵攻赵。秦王派五大夫王陵率兵攻赵，军队很快打到了赵国国都邯郸。赵国鉴于敌强己弱的客观态势，采取了坚守疲敌、持久防御、避免决战、以待外援的方针。赵国人民对秦军的残暴记忆犹新，秦军的入侵，激起了赵国军民顽强抵抗，为保卫国家，他们誓死抗秦、坚守邯郸、英勇作战。在坚守防御的过程中，还经常派出精锐部队伺机袭击秦军，秦军大败而退。秦国军队进攻邯郸的行动失败，秦王又增兵换将，继续对邯郸发动攻势。经过八九个月的作战，秦军伤亡惨重，仍然攻不下邯郸。

秦国军队处于师劳兵疲、进退两难的尴尬境地。此时，赵国在固守邯郸的同时，积极进行外交活动。平原君赵胜率毛遂等人赴楚求援，毛遂以秦曾经攻破郢都、焚烧夷陵、迫楚迁都的旧怨来激怒楚王，使楚王答应出兵北上救赵。魏王也

答应救赵,并派出军队十万向邯郸进发。秦王闻讯,派使者威胁魏王说:"谁要是出兵救赵,等我攻下邯郸后就调兵攻打谁。"魏王惧怕日后报复,就命令主将晋鄙将十万大军屯驻在邺,观望不前。

平原君赵胜见魏军停止不前,就派使者到了魏国,让自己的内弟魏公子信陵君想办法说服魏王让军队赴邯郸。信陵君多次劝说魏王,魏王仍然不肯下令进军,信陵君没有办法,又不能眼看着赵国灭亡,便决定带着自己仅有的私属人马去和秦军决一死战。出发前夕,他见到了门客侯嬴,侯嬴劝他不要去硬拼,那样做,如同送羊入虎口,又能取得什么效果呢?他为信陵君出了一计,要他去求助魏王的爱妾如姬,让她以出入魏王寝宫之便,偷取魏王调兵易将的虎符,然后夺取魏将晋鄙的兵权,带领军队去救赵。因为信陵君曾为如姬报过杀父之仇,这次信陵君请如姬窃虎符的计划进行得十分顺利。信陵君窃得虎符,赶到邺地,凭着虎符,假托魏王之命要取代晋鄙的职务。晋鄙不肯交出兵权,信陵君不得已杀了晋鄙,夺得兵权,率领军队直赴邯郸。

在赵国的邯郸,秦军又一次发起了猛攻,邯郸形势十分危急。此时,平原君让自己的妻妾婢奴也参加到守城的劳役中,把家中的资产全部拿出来奖赏给士兵,鼓励士兵勇猛作战。平原君还招募得三千死士,向秦军发起反击。秦军一时招架不住,向后退却了三十里。正在这时,信陵君率领的魏军救兵和春申君率领的楚军先后赶到,秦军在内外夹攻的形势下战败于邯郸,秦将王陵率残部逃回汾城,另一部分被联军包围,最后投降于赵国。

魏、楚、赵乘胜追至河东(今山西西南部),秦军退回河南(今山西、陕西间黄河南段之西),放弃了以前所侵占的魏地河东、赵地太原和韩地上党,邯郸之战最终是赵国取胜。

在邯郸之战中,赵国能以弱胜强,关键在于制定了能使自己立于不败之地的策略,如缓和国内矛盾,争取人民的支持,即孙子所说的"修道保法";同时制定了以守为主、攻守结合的战略。在敌军出现了师劳兵疲、钝兵挫锐的情形下,赵国又能及时抓住这一有利时机,配合援军的进攻,一举击败秦军。而秦军的失败,则是秦昭王不了解兵法原则,在客观条件不利的情况下贸然发动战争而造成的恶果。孙子曰:"胜可知而不可为。"邯郸之战的胜败得失,足以让后世的军事家们深思。

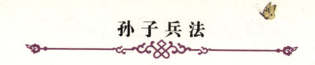

【隋文帝先备后战灭陈国】

北周大定元年(公元581年),北周的相国杨坚以"受禅"为名自立为皇帝,建立了隋王朝,杨坚即是隋文帝。隋文帝胸怀大志,决心一统天下,但在当时,隋文帝力量单薄,而北方的突厥人不时南侵,威胁中原,隋文帝便制定了先灭突厥、后灭陈国的战略方针。

隋文帝在与突厥交战期间,对南方的陈国采取了十分"友好"的策略:每次抓获陈国的间谍,不但不杀,还要送衣赐马以礼送还;即使是有人要投靠隋文帝,只要他是陈国人,隋文帝以隋、陈"友好"为由,毅然加以拒绝。为增强国家实力,隋文帝大胆实行改革,简化了政府机构,鼓励农耕,兴修水利,储粮备战,提倡习武,训练士卒。

在击溃了突厥之后,隋文帝开始着手灭陈的行动。江南收获的时间较早,每到收获季节,隋文帝就派人大造进攻陈国的舆论,令陈国紧急调征人马,以致误了农事。江南的粮仓多用竹木搭成,隋文帝派遣间谍潜入陈国,因风纵火,屡屡烧毁陈国的粮仓。经过几年的折腾之后,陈国的物力、财力都遭受到巨大的损失,国力日益衰弱。

为了渡江作战,隋文帝派杨素为水军总管,日夜操练水军,建造战舰。杨素建造的战船,最大的叫"五牙",可容八百人;较小的叫"黄龙",也可容一百余人。为了迷惑陈军,屯兵大江前沿的隋军每次换防时都要大张旗鼓,遍列帐幕,令陈军恐惧不已,以为隋军是要渡江作战。渡江前夕,隋军又派出大批间谍进行骚扰、破坏,搅得陈国军民不得安宁。久而久之,陈军对隋军的行动就习以为常了。

边境形势如此紧张,陈国国君陈后主竟然麻木不仁,依旧是醉生梦死。大市令章华冒死进谏,陈后主将章华斩首示众。隋文帝开皇八年(公元588年)十月,隋文帝认为条件已经成熟,指挥水陆军五十一万余人,从长江上、中、下游分八路攻陈,当元帅杨素的"黄龙"战船在破晓抵达长江南岸时,还在睡梦中的陈国守军全做了俘虏。隋军除在岐亭遭到陈国南康内使吕仲肃在江中设置的三条巨型铁索的阻截外,一路上攻无不克,战无不胜。第二年的正月二十日,隋军攻入

陈都建康,陈后主仓皇躲入枯井之中,后被隋兵搜出俘虏,陈国就此灭亡。

西晋末年以来中国近三百年的分裂局面终于结束。

【李嗣源绕道救幽州】

五代时期,契丹首领耶律阿保机率三十万大军包围了幽州。

幽州是晋国在北方的军事重镇,因此,晋王李存勖派大将李嗣源统率七万人马增援幽州,解幽州之围。

李嗣源与诸将商议解围之计,说:"敌人多是骑兵,不但人数众多,又已先处战地,外出游骑没有辎重之忧,而我军多是步兵,人数上又不占优势,还必须有粮草随军而行。如果在平原上与敌人相遇,敌军只需截走我军粮草,我军就会不战而败,更不用说还有后面的骑兵冲击了!"

根据这种不利情况,李嗣源从易州出发,不是走东北直奔幽州,而是向正北前进,越过大房岭(今河北房山县西北),然后沿着山涧向东走。

李嗣源率大军餐风饮露,日夜兼程,一直行进到距幽州只剩下六十里远的地方,突然遭遇一支契丹骑兵,契丹人才知道晋军派来了救兵。契丹兵大吃一惊,慌忙向后撤退,李嗣源与养子李从珂率领三千骑兵紧追契丹人而来,晋军大部队则在李嗣源的骑兵后面紧紧跟随。不同的是,契丹骑兵行走在山上,晋军行走在山涧中。

行至山口,契丹万余骑兵挡住了去路。李嗣源知道成败在此一举,于是摘掉头盔,用契丹语向敌人喊道:"你们无故侵犯我国,晋王命我率百万之众,前往将你们全部消灭!"说完,一马当先,冲入敌阵,当场将一名契丹酋长斩杀。众将士见主帅身先士卒,群情激奋,斗志倍增,纷纷杀入敌阵。契丹骑兵被迫向后退却,晋军的大部队乘机杀出山口。

出山之后即是一马平川的大平原。由于失去山地的保护,极易遭到骑兵攻击,李嗣源命令步兵砍伐树枝作为鹿砦,人手一根,每当部队停下来或遭到契丹骑兵攻击时,即用树枝筑成寨子,契丹骑兵只能环寨而行,而晋军乘机放箭,契丹人马死伤惨重。

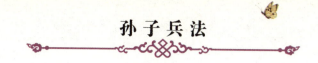

逼近幽州时，晋军殿后的步兵仍拖着草把、树枝行进，一时间，烟尘滚滚，契丹兵不知虚实，以为晋军援兵甚多，军心大乱。决战之时，李嗣源率骑兵在前，步兵随后，有组织地掩杀过来。契丹兵斗志皆无，一时丢盔弃甲，狼狈逃去。

至此，幽州之围得以解除。

【"沙漠之狐"智挫"战斧行动"】

第二次世界大战期间，英军在非洲向德军发动了一次名为"战斧行动"的进攻。英军方面是由有丰富沙漠作战经验的指挥官韦维尔将军负责本次行动，而德方的指挥官则是后来被称为"沙漠之狐"的隆美尔将军。两方坦克数量相差极其悬殊：英军有五百辆坦克，德军只有一百五十辆坦克，而实际参战的只有九十五辆。

进攻一开始，英军向分散在一百英里战线上的德军发起猛攻。英军的坦克装甲厚度是德军的两倍，德军的三十七毫米反坦克炮对它真是无能为力，而英军用四十毫米反坦克炮可以将德军坦克轻而易举地摧毁，英军完全控制了战场上的局势。

危急之中，隆美尔灵机一动，突然想到了八十八毫米高射炮。"对，只有它能对付英国的马蒂尔塔坦克！"隆美尔立即将仅有的十三门高射炮部署在几个战略重地，只要英军坦克进入射程内，立刻给以致命的打击。

但是，韦维尔将军依仗坦克和步兵占有绝对优势的条件，仍然突破德军防线的薄弱部分，攻占了哈勒法亚等据点。

对隆美尔将军来说，形势异常严峻；韦维尔将军也认为，只要集中兵力发起一次猛攻，德军防线就会立即崩溃。但是，韦维尔将军做梦也没想到，就在他攻占哈勒法亚的第二天夜间，隆美尔突然发起猛烈反攻，又把失去的据点奋力地夺了回来，韦维尔的信心动摇了，他不再敢紧逼隆美尔，这使得隆美尔赢得了最宝贵的时间。当韦维尔调动部队，企图向北攻击德军集结地时，隆美尔又出其不意地绕到了英军的后方，并集中了全部坦克向英军凶狠地横扫过去。韦维尔将军在正面进攻受阻，又面临被隆美尔切断后路的危险，无奈之下只好传令向南

部撤退。

　　最后，"战斧行动"以英军的失败而告终。隆美尔面对重重困难，能够从容不迫地应对，以弱胜强，不愧是一位智勇双全的将军。

小百科 / XiaoBaiKe

　　中国古代最强的单兵作战武器非唐刀莫属。《唐六典》中记载唐刀有四种：一曰仪刀，二曰障刀，三曰横刀，四曰陌刀。唐刀四种，真正在疆场上广泛使用的兵器只有陌刀。陌刀在唐中期为唐军的争战立下汗马功劳，有时甚至在战役中起到决定性作用。陌刀源自汉民族与善骑射的游牧族征战，锋利无比。由于对锻造技术要求较高，花费较巨，豪华的陌刀逐渐退出战争舞台。遗憾的是唐刀的锻造技术现已失传，不过据说日本武士刀就是由唐刀改进而来。

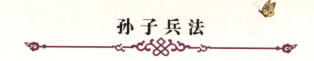

兵势篇

原文

孙子曰：凡治众如治寡，分数是也①；斗众②如斗寡，形名是也③；三军之众，可使必受敌而无败④者，奇正是也⑤；兵之所加，如以碬(duàn)投卵⑥者，虚实是也。

凡战者，以正合，以奇胜⑦。故善出奇者，无穷如天地，不竭如江河。终而复始，日月是也；死而复生，四时是也⑧。声不过五⑨，五声之变，不可胜听⑩也；色不过五，五色之变，不可胜观也；味不过五，五味⑪之变，不可胜尝也；战势不过奇正⑫，奇正之变，不可胜穷也。奇正相生⑬，如循环之无端⑭，孰能穷之⑮？

激水之疾，至于漂石者，势⑯也；鸷鸟⑰之疾，至于毁折⑱者，节⑲也。是故善战者，其势险，其节短。势如扩(kuò)弩⑳，节如发机㉑。

纷纷纭纭，斗乱而不可乱㉒也；浑浑沌沌㉓，形圆而不可败也㉔。乱生于治㉕，怯生于勇，弱生于强㉖。治乱，数也㉗；勇怯，势也；强弱，形也。故善动敌者，形之㉘，敌必从之；予之，敌必取之。以利动之，以卒待之㉙。

故善战者，求之于势，不责于人㉚，故能择人而任势㉛。任势者，其战人也㉜，如转木石。木石之性，安㉝则静，危㉞则动，方则止，圆则行。故善战人之势，如转圆石于千仞之山者，势㉟也。

注释

①分数是也：分数，此处指军队的编制。把整体分为若干部分，就叫分数，这里是指分级分层管理之意。

②斗众：指挥人数众多的部队作战。斗，使……战斗(使动用法)。

③形名是也：形，指旌旗。名，指金鼓。古战场上，投入兵力众多，分布面积也很宽广，临阵对敌，士兵无从知道主帅的指挥意图和信息，所以设置旗帜，高举于手中，让将士知道前进或后退等，用金鼓来节制将士或进行战斗或终止战斗。

④必受敌而无败：必，"毕"的同音假借，意为完全、全部。

⑤奇正是也：奇正，古兵法常用术语，指军队作战的特殊战法和常用战法。就兵力部署而言，以正面对敌者为正，以机动突击者为奇；就作战方式而言，正面进攻为正，侧翼包抄偷袭为奇，以实力围歼为正，以诱骗欺诈为奇等。

⑥以碬投卵：碬，《说文》："碬，厉石也。"即磨刀石，泛指坚硬的石头。以碬投卵比喻以坚击脆，以实击虚。

⑦以正合，以奇胜：合，交战、合战。此句意即以正兵合战，以奇兵制胜。

⑧死而复生，四时是也：去而复返，如春、夏、秋、冬四季更替。

⑨声不过五：声，即音乐之最基本的音阶。古代的基本音阶为宫、商、角、徵、羽五音，故此言声不过五。

⑩五声之变，不可胜听：即宫、商、角、徵、羽五声的变化，听之不尽。变，变化。胜，尽，穷尽之意。

⑪五味：指甜、酸、苦、辣、咸五种味道。

⑫战势不过奇正：战势，指具体的兵力部署和作战方式。言作战方式归根结底就是奇正的运用。

⑬奇正相生：意为奇正之间相互依存、转化。

⑭如循环之无端：循，顺着。环，连环。无端，无始无终。言奇正之变化无始无终，永无尽头。

⑮孰能穷之：孰，谁。穷，穷尽。之，指奇正相生变化。

⑯势：这里指事物本身态势所形成的内在力量。

⑰鸷鸟：鸷，凶猛的鸟，如鹰、雕、鹫之类。

⑱毁折：毁伤、捕杀。这里指捕到鸟、兔之类动物。

⑲节：节奏。指动作爆发得既迅捷、猛烈，又恰到好处。

⑳势如彍弩：彍，弯弓张满的意思。彍弩即张满待发之弩。

㉑发机:机,即弩牙。发机即引发弩机的机组,将弩箭突然射出。

㉒斗乱而不可乱:斗乱,言于纷乱状态中指挥作战。不可乱,言做到有序不乱。

㉓浑浑沌沌:混乱迷蒙不清的样子。

㉔形圆而不可败也:指摆成圆阵,首尾连贯,与敌作战应付自如,不至失败。

㉕乱生于治:示敌混乱,是由于有严整的组织。另一说:混乱产生于严整之中。

㉖弱生于强:示敌弱小,是由于本身拥有强大的兵力。另一说:弱可以由强转化。

㉗治乱,数也:数,即前言之"分数",指军队的组织编制。意为军队的治或乱,决定于组织编制是否有序。

㉘形之:形,用做动词,即示形、示敌以形。指用假象迷惑、欺骗敌人,使其判断失误。

㉙以卒待之:用重兵伺机破敌。卒,士卒,此处可理解为伏兵、重兵。

㉚求之于势,不责于人:责,求、苛求。此句言应追求有利的作战态势,而不是苛求下属。

㉛择人而任势:择,选择。任,任用、利用、掌握、驾驭的意思。

㉜其战人也:指挥士卒作战。与前《军形篇》中之"战民"义同。

㉝安:安稳,这里指平坦的地势。

㉞危:高峻、危险,此处指地势高峻陡峭。

㉟势:是指在形(军事实力)的基础上,发挥将帅的主观作用,因而造成有利的作战态势。

译文

孙子说:管理人数众多的军队,能够像管理人数很少的军队那样应付自如,是由于军队编制和组织的合理;指挥大部队作战,能够像指挥小部队作战那样得心应手,是由于旗帜鲜明、鼓角响亮,通讯联络畅通;能使全军在遭受敌人进

攻时不失败,关键在于"奇正"战术的运用要随机应变;指挥军队进攻敌人,就像用坚硬的石头砸鸟蛋那样,关键是避实击虚策略的正确运用。

一般成功的战争,总是以"正"兵迎敌,以"奇"兵取胜。善于用奇兵取胜的将帅,他的战术变化,就好像天地的运行一样,无穷无尽;像江河的流水一样,永不停止。周而复始,这是日月运行的规律;衰而复盛,这是四季更换的法则。音调不过五种(宫、商、角、徵、羽),但五音的变化可以组成各种各样、听之不尽的乐曲;颜色不过五种(青、赤、黄、白、黑),但五色的配合可以绘出多姿多彩、看不完的图画;味道不过五种(辣、酸、咸、甜、苦),但五味的调和可以做出有滋有味、尝不遍的佳肴;作战的战术方法不过"奇"(特殊战术,出奇制胜)和"正"(常规战术,按部就班)两种,但奇正的变化无穷无尽、不可胜数。奇与正的相互依存、相互转化,就像顺着圆圈旋转那样,无头无尾,无始无终,谁又能使它穷尽呢?

湍急的水流迅猛奔泻,以至于石头也随之漂浮移动,那是由于水势强大的原因;凶猛的鹰勇猛搏击,以至于能捕杀鸟雀,那是由于掌握了时机节奏的缘故。因此,善于指挥战争的将帅,他所造成的态势总是险峻逼人,发起攻击的时机节奏总是急促迅捷。这样的险势就像张满了的弩弓,箭在弦上,蓄势待发;这样的节奏就像用手扳动扳机一样,一触即发。

战旗纷飞,人马混杂,在混乱中指挥战斗,必须保证自己的军队整齐不乱。兵如潮涌,混浊不清,要使自己的军队阵形周密而立于不败之地。向敌人显示混乱的假象,要建立在自己的军队有严密的组织管理的基础之上;向敌人显示怯懦,是由于本军将士有勇敢的素质;向敌人显示弱小,是由于自己拥有强大的实力。严整或者混乱,是军队组织编制好坏的问题;勇敢或者怯懦,是士兵素质的外在表现;强大或者弱小,是军事实力大小的显现。所以,善于调动敌军的将帅,用假象迷惑敌人,敌人就会被牵着鼻子走;用好处引诱敌人,敌人就会上当前来夺取。用利益来引诱调动敌人,并以重兵等待敌人,伺机聚而歼之。

所以,善于指挥作战的人,总是注意利用有利于己的必胜条件,而从不对部属求全责备,因此他们能够很好地选择适当的人才,利用和创造必胜的态势。能够充分利用必胜态势的人,他们指挥兵士参与战斗就像转动木料、石头一样运用自如。木料石头的特性是,放在安稳平坦的地方就静止不动,放在险峻陡峭的地方就会滚动。方形的木石容易稳定静止,圆形的木石则滚动自如。所以,善于指挥作战的人所造成的有利态势,就像将圆石放在万丈高山上一样,随时可以翻滚而下，其能量势不可当，坚不可摧。这就是所谓的"势"——一切有利因素表现出来的必胜的趋势。

战例

【官渡之战】

东汉末年爆发了官渡之战。当时，东汉王朝已经名存实亡，各地、州豪强官吏以镇压黄巾起义为名占据地盘，扩大、发展势力范围，形成了许多大大小小的割据势力。这些割据势力之间连年争战，互相兼并，全国上下一片混乱。

当时割据武装主要有：河北的袁绍，兖、豫的曹操，徐州的吕布，扬州的袁术，江东的孙策，荆州的刘表，幽州的公孙瓒，南阳的张绣等。在这些割据武装势力中，袁绍与曹操的势力较强。袁绍出身于世代官僚地主家庭，人称"袁氏四世三公"（三公：是指当时掌握最高军政大权的三个官——太尉、司徒、司空，袁氏四代都做这三个官，故称四世三公）。他是东汉末年官僚大地主的代表人物，在公元 195 年，袁绍经过几番征战，已经占有冀州、青州、并州、幽州，是地广兵多、势力最强的割据力量。

曹操出身于官僚地主家庭。公元 184 年，他参加了镇压黄巾起义的战斗，后升为西园新军的典军校尉。他曾经参加反对董卓的战争，并归顺袁绍。在镇压黄巾起义的战斗中，曹操组成并发展了自己的武装力量，与袁绍势力分离。至公元 196 年，曹操已占有了兖州、豫州地区，成为黄河以南的一股较强的割据势力。

曹操与袁绍两大割据集团，到公元 199 年夏，大致形成了沿黄河下游南北对立的局面。袁绍在击败了公孙瓒后，就一手控制了整个河北地区，为了进一步称霸中原，袁绍准备南下与曹操决战。当时，袁绍拥有大军数十万，实力很强；曹操不仅兵力不如袁绍，且南面有荆州刘表、江东的孙策与他为敌，形势对其不利。但是曹操客观地分析了情况：袁绍兵多但内部不团结，而且袁绍性格疑忌，骄傲轻敌，常常贻误有利战机。于是，便决定以自己所能集中的近万兵力抗击袁绍的进攻。公元 200 年，袁、曹两军在官渡作战。此战中，曹操善于捕捉战机，能

够根据战场态势的发展灵活地变换战术,以正兵抵挡袁军的进攻,以奇兵袭击袁军的屯粮库,烧毁了袁军的全部粮草,使袁军军心动摇,内部分裂,最终战胜了袁绍,创造了中国历史上以弱胜强的著名战例。

公元199年,袁绍谋划南下进攻曹操的统治中心许昌。袁绍手下的谋士沮授、田丰以为袁军与公孙瓒作战了三年,战士们疲惫不已,应先"务农逸民",休养生息,以增强经济与军事力量。他们主张暂时不急于攻打曹操。但是,袁绍的另外两个谋士审配、郭图则力主马上出兵攻曹。袁绍听取了审配、郭图的意见,挑选精兵十万,战马万匹,陈兵黄河北岸,准备伺机渡河,同曹操决战。

袁绍举兵南下的消息传到许昌,曹操手下的一些部将被袁绍表面的优势吓倒,认为袁军强不可敌。但曹操很了解袁绍,他对将士们说,袁绍野心虽大,却没有什么智谋,表面上气势汹汹,而实际上缺乏谋略,他疑心重并且忌妒别人的才能,兵虽多但组织指挥不明而且将帅骄傲、政令不一,因此,打败他是不成问题的。曹操的谋士荀彧也分析了袁绍军队的情况,认为袁军内部不团结,将帅、谋士之间矛盾重重,并非坚不可摧。曹操与荀彧的分析增强了曹军战胜袁军的信心。曹操经过对敌我双方兵势情况的分析,决定采取以逸待劳、后发制人的战略方针。他将主力调到黄河南岸的官渡(官渡是夺取许昌的必经之地),以阻挡袁军的正面进攻,同时派卫凯镇守关中地区,以魏种守河内,预防袁绍从西路进攻;又派臧霸等率兵从徐州入青州,从东方钳制袁绍军队;派于禁屯守黄河南岸的重要渡口延津(今河南延津北),协助扼守白马(今河南滑县东,在黄河南岸)的东郡太守刘延,阻止袁绍军渡河和南下进攻。

公元199年十二月,正当曹操布置对袁绍的作战计划的时候,刘备起兵,占领了徐州及下邳等地,由关羽驻守。东海及附近郡县亦多归附刘备。刘军增至数万人,并与袁绍合谋进攻曹操。

曹操为了避免两面受敌,打算首先击破刘备。公元200年正月,曹操亲率精兵东击刘备,刘备败阵。当刘、曹对阵时,袁绍的谋士田丰建议袁绍袭击曹军的后方,袁绍一时还拿不定主意,没有采纳田丰的建议。就此,曹操顺利地击败了刘备,使刘备只身逃往河北投靠袁绍,然后及时返回官渡继续抵御袁绍的进攻。

公元200年正月,袁绍发布声讨曹操的檄文。二月,袁绍大军开过黎阳,这里成了指挥中心,企图渡河寻求曹军主力决战。袁绍首先派大将颜良进攻白马的东郡太守刘延,夺取黄河南岸要点,以保障主力渡河。颜良率军渡过黄河,直扑白马与刘延交战。刘延在白马坚守城池,士兵伤亡惨重。此刻,曹操的谋士荀

攸向曹操献计说："我军兵少，集结在官渡的主力也只有三四万人，要对付袁绍众多的兵力，正面交锋恐怕不易得手，应设法分散袁绍的兵力。"他提议曹操引兵先到延津，假装要渡河攻击袁绍的后方，这样，袁绍就会向西分兵；然后我军再派轻装部队迅速袭击进攻白马的袁军，攻其不备，颜良定败退。曹操采用了荀攸这一声东击西之计，袁绍果然分兵增援延津。曹操见袁绍中计，立即调头率领轻骑，派张辽、关羽为前锋，急趋白马。曹军在距白马十余里时，颜良才发现他们。关羽迅速逼近颜良军，乘其不备，斩颜良于万军之中。袁军大乱，纷纷溃散。

袁绍围攻白马失败，并损失了一员大将，非常恼怒。曹操解了白马之围之后，便沿黄河向西撤退。袁绍率军渡河追击曹操，正在这个时候，沮授又谏阻袁绍说："军事上的胜负变化应仔细观察。现在最好的办法还是驻黄河北岸，分兵进攻官渡，如果能攻占此地，大军再过河也不晚；如果贸然南下，万一失败就有全军覆没的危险。"袁绍骄傲自大，他根本听不进劝言。沮授见袁绍如此固执，便推说有病向袁绍要求还乡，袁绍不准，还把他统领的军队交给了郭图指挥。

于是，袁绍领军进至延津以南，派大将文丑与刘备率兵追击曹军。曹操命令士卒解鞍放马，又故意将辎重丢弃道旁，让袁军上当受骗。待袁军逼近争抢辎重时，曹操才命令上马，突然发起攻击，袁军大败，文丑被杀。曹军顺利地退回官渡。

白马、延津两次战斗是官渡大战的前奏。袁军虽初战未胜，但兵力仍占优势。这年七月，袁绍进军阳武，准备南下进攻许昌。这时沮授又劝袁绍说："我方士兵虽多，但不及曹操军队勇猛。曹操的粮食、物资不如我们多，速战对曹军有利而对我们不利，我们应用旷日持久的办法消耗曹军的实力。"但是袁绍仍然不听。袁军于是八月逼近官渡，双方在官渡相对峙。

曹军在官渡设防，想寻机进攻袁军。九月，曹操向袁绍军发起了一次进攻，但未能取胜。曹操便深沟高垒，固守阵地。袁绍见曹操坚壁不出，便命令士兵在曹军营外堆起土山，砌起高楼，用箭射击曹军。曹营士兵来往行走都得用盾牌遮蔽身体或匍匐前进。曹操发明了一种抛发石块的车子，发射石块将袁军的壁楼击毁。袁军又挖掘地道准备攻击曹军，曹操则命令士兵在营内挖掘长沟来截断袁军地道。这样双方相持了大约三个月。在此过程中，曹操产生了动摇，他觉得自己兵少，粮食也不足，士卒极为疲劳；后方也因袁绍派刘备攻击于汝南、颍川之间而不稳定，这样长期与袁绍周旋极为不利。因此曹操便想退还许昌。他写信给留守许昌的荀彧，看他意下如何，荀彧回信建议曹操坚持下去，他指出：曹军目前处境困难,同样袁军的力量也几乎用尽,这个时候正是战势即将发生转折的时刻,也是用奇兵之时,不能失去即将出现的战机,这时谁先退却谁便会陷入被动。曹操采纳了他的意见,一方面决心坚持危局,加强防守,命令负责供给粮秣的官员想法解决粮草补给问题;另一方面则积极寻求和捕捉战机,想给袁军以有力的打击。

曹操决定以截烧袁军粮食的办法争取主动。他先派人把袁绍将领韩猛督运的数千辆粮车截获烧掉了。时隔不久,袁绍又把一万多车粮草集中在乌巢,派淳于琼等率军守护。沮授鉴于前次粮草被烧,便建议袁绍另派一支部队驻扎在淳于琼的外侧,两军互为犄角,防止曹军抄袭。袁绍觉得此举多余,弃之不用。

袁绍的另一谋士许攸向他献策说:"曹操兵少,集中力量与我军相持,许昌一定空虚,我们可以派一支轻骑日夜兼程袭击许都,这样可以一举攻下。即使许都拿不下来,也会造成曹操首尾不相顾,来回奔命的局面,进而可以打败他。"袁绍却傲慢地说:"没有必要,我一定要在此生擒曹操。"他拒绝这一出奇制胜的建议,继续与曹操相持。

正在这个时候,许攸的家属在邺城违犯了王法,被留守邺城的审配关押起来了。许攸一怒之下,连夜离开袁营,投降了曹操。他受到了曹操的热情接待。许攸见曹操重视自己,就向他介绍袁军的情况并献计说:"袁绍的辎重粮草有一万多车在故氏、乌巢,屯军防备不严。如果以精兵袭击,出其不意烧掉他的粮草,不会超出三天,袁绍必定失败。"在这个紧要关头,粮草是关系到双方胜败的关键,曹操当时只有一个月的军粮,许攸的建议,正符合曹操寻找战机出奇制胜的想法,于是他毫不迟疑地立即实行。他留曹洪、荀攸等守大营,自己亲率步骑五千前往攻打乌巢。

曹军都穿上了与袁军一样的服饰,用袁军的旗号,夜间从偏僻小道向乌巢进发。路途中,他们遇到袁军的盘问,曹军诡称是袁绍为巩固后路调派的援军,骗过了袁军。刚到达粮仓时,曹操便下令放火烧粮。袁军顿时大乱,淳于琼等仓促应战。黎明时,淳于琼见曹军人少,就冲出营垒迎战曹军。曹操挥军冲杀,淳于琼又退回营垒坚守。袁绍得知这一情况后,又作出了错误的决策,他不派重兵增援淳于琼,反而认为这是攻下官渡的好机会。他命令高览、张郃等大将领兵去攻打曹操大营。张郃指出这样做很危险,曹操领精兵攻打乌巢,如果乌巢有失,就会有危险,他主张先救乌巢。但袁绍手下的谋士郭图却迎合袁绍的意图,坚决主

张攻打曹营,他认为攻打曹营,曹操必定引兵回救,这样,乌巢之围就会自解。于是袁绍只派少量军队救援乌巢,而以主力攻官渡的曹营,但曹营十分坚固,一时很难拿下。

曹操得知袁绍进攻自己大本营的消息后,并没有马上回救,而是奋力击溃淳于琼的军队,决心将袁绍的粮草全部烧掉。恰在此时,袁绍增援的骑兵迫近乌巢,曹操左右的人请求他分兵去阻挡。曹操没有分兵,说:"等敌人到了背后再报告!"这样,曹军士卒都与敌军殊死决战,最后使淳于琼军大败,杀了淳于琼并将其全部粮草烧毁。

乌巢粮草被烧光的消息传到袁军前线,袁军军心惶惶。原来反对张郃用重兵救援乌巢主张的郭图等害怕袁绍追究自己的责任,就在袁绍面前说张郃为袁军失败而高兴。张郃遭到了谗言诬陷,既气又怕,便与高览一起焚毁了攻战器具,投降了曹操。这使得袁军军心更加惶恐,军队不战自乱。这时,曹操趁机率军发起全面攻击,迅速消灭了袁兵七万多人,袁绍仓皇退回了河北。官渡之战以曹胜袁败而告结束。

官渡之战中,曹操之所以能够以弱胜强,首先在于他在谋略上高于袁绍。在袁绍以绝对优势的兵力来进攻他时,他能够客观地分析敌我双方的优势与劣势,制定出以逸待劳、后发制人的作战方针。作战之时,也能够抓住要害。这一点可以从曹操选择官渡为主战场看出来。曹操一开始就把主力布置在官渡,而不是沿黄河处处设防,这是因为官渡地处鸿沟上游,濒临汴水。鸿沟运河西连虎牢、巩、洛要隘,东下淮泗,为许昌北、东之屏障。所以,官渡是袁绍夺许昌的必争之地。守住了官渡,就能扼其咽喉,使袁军不能前进,为反攻歼敌创造了条件。其次,曹操的胜利还在于他精通兵法,并能够灵活运用。在白马、延津前哨战中,曹操以佯攻示形于敌,调动袁军并分散了他们的兵力;在白马初战告捷领兵撤退时,能以利诱敌,以卒待敌,最后击败了袁军,顺利地退回官渡。在决战的时候,曹操善于听取部下的正确意见与建议,懂得在敌强我弱的形势下只有灵活地变换战术、正奇并用才能变被动为主动的道理。因此,他积极创造有利于自己的战略态势,在得知袁军将全部粮草聚集在乌巢又疏于防守的消息后,一举烧毁了袁军的全部粮草,为主力部队战胜敌军奠定了坚实的基础。官渡之战是《孙子兵法》所说用兵作战"以正合,以奇胜"的极好范例。

从官渡之战袁绍失败的原因上看,也能从反面印证《孙子兵法·兵势篇》中要点的合理性与正确性。袁绍的失败,败在他不知择人而任势,不懂战术的变换。他只知正面作战,不懂正奇并用;同时又骄傲自负,不能听取下属的正确意见,以至于常常坐失良机,最后将原有的兵力优势丧失殆尽。官渡之战中的这些经验与教训,至今仍可给我们以深深的启迪。

【吴璘奇阵破金军】

1141年,即南宋高宗绍兴十一年。这一年的秋天,金国派胡盏与习不祝率精兵五万大举进攻宋朝西郊边境,屯兵于刘家圈(今甘肃天水市东北)。川陕宣抚副使胡世将急召右护军统制吴璘,命他率精兵良将前往刘家圈迎敌。

吴璘率二万八千精兵来到秦州城(今甘肃天水市)下寨时,精于用兵的胡盏和习不祝已占据有利地形安营扎寨,前有高山峻岭为屏,后有腊家城为护,前后布防非常严密,他们以为宋军不敢轻易进攻,因而得意扬扬。胡盏和习不祝接到吴璘派人送来的战表后,狂妄自大地放声大笑道:"有利地形已被我占领,明天宋军来战,无异于以卵击石!"因此,当天夜晚竟连一点儿戒备也没有。

吴璘派人送出战表后,立即召集众将,发布命令。吴璘先委派经验丰富的将军姚仲、王彦连夜出击,悄悄攻占山上高地,举火为号,袭击敌寨,又命令一队人马抄小路抓紧时间控制腊家城,以截断胡盏的退路。当天夜晚,适遇大雾,姚仲、王彦率宋军悄悄占领了山顶高地,胡盏等人还未有丝毫察觉。吴璘命人燃起火把,山岭之上火光通明;吴璘又派少数兵马在胡盏的大寨前挑战,引敌出兵。习不祝主张不予理睬,待天亮后看情况再作决定,胡盏则恃其百战百胜坚决不同意习不祝的意见,他根本不把吴璘放在眼里,命人打开寨门,冲杀出来。

吴璘治军严明,又统兵作战多年,天长日久,练就了一种奇特的垒阵法。作战时,骑兵作两翼列阵于前,后面依次排列着长枪队、强弓队、强弩队,各队相互配合,一战再战,犹如一阵阵恶浪向敌人压去,不给敌人以任何喘息之机。吴璘见胡盏冲下山来,立刻以垒阵法迎战。胡盏气势汹汹地向山下冲,吴璘先以强弩队迎战,战斗十分激烈。强弩队万箭齐放,胡盏的兵马尚未逼近宋军,却已倒下

一片；待胡盏逼近时，强弩队迅速退走，强弓队冲上前又是一阵乱箭，胡盏又损失了一大批兵马；这时金兵已经开始溃败。双方短兵相接后，吴璘的骑兵奋勇当先；随后，步兵又勇猛地冲杀出来；再后，又是强弩队、强弓队、长枪队、骑兵队、步兵队……

胡盏被吴璘的垒阵法弄得晕头转向，不知所措。经过一番殊死奋战，胡盏领教了吴璘的厉害，领着残兵败将向腊家城仓皇逃走。

吴璘以时奇、兵奇破敌，擒敌，毙敌，取得了决定性的胜利，不愧是一名奇将！

【马燧奇计败田悦】

唐朝末年，各节度使掌握地方大权，不服朝廷管束。以魏博节度使田悦为首的"四镇"公然联合起兵对抗朝廷，唐皇大怒，立刻派智勇双全的河东节度使马燧率兵去攻打田悦，平定叛乱。

马燧连败田悦，长驱直入攻至河北三个叛镇的辖地，由于进兵速度过快，粮草供应不足，马燧陷入危险的困境之中。田悦觉察到马燧的难处，于是深居壁垒之中，拒不出战。数天后，马燧眼看粮食将尽，窘迫中，马燧冥思苦想，力求想出诱逼田悦出战的计策，突然想到田悦的老窝在魏州。马燧拍案而起："如果去攻打魏州，不怕他田悦不出战！"于是，马燧命令部队在半夜悄悄潜出军营，沿洹水直奔魏州，又令数百骑兵留在营内，击鼓鸣角，点燃营火。天亮后，马燧大军已全部离开大营，留守的骑兵便停止击鼓鸣角，也潜出军营，按照马燧的指令隐藏起来。

唐营死气沉沉，田悦闻报后，急忙派人去侦察，发现竟是一座空营。不久，又有探骑飞报：马燧率大军扑向魏州。田悦大惊失色，连忙传令退军，亲率轻骑火速前往魏州，在半途中追上了严阵以待的"官军"。

马燧见田悦已中计，便以逸待劳，向田悦发起猛烈进攻，但田悦叛军战斗力极强，渐渐地，"官军"的两翼便落了下风。马燧见情况不妙，亲率自己的河东军勇猛地杀入敌阵，又传令击鼓助威。"官军"的两翼信心大增，返身向田悦发起反

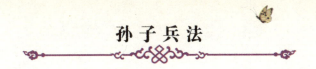

攻,田悦终于抵挡不住,退到了洹水河边,而这时田悦看到三座便桥早已被马燧留守大营的骑兵烧毁,叛军顿时不知所措,军心大乱。

马燧见机不可失,挥军紧紧追杀过来,叛军无可奈何之下,只好跳水逃命,淹死无数。来不及逃跑的叛兵,被斩两百多人,被俘三千余人。田悦只得垂头丧气,带着剩余的残兵败将逃回魏州,从此一蹶不振。

【克娄巴特拉征服恺撒】

她具有超凡脱俗的绝世美貌,她具有过人的才智计谋,从她身上散发出的魅力,足以让人为她疯狂。她就是伟大的古埃及时代最后一位统治者——克娄巴特拉。正是因为有她的存在才使古埃及这个弱小的国家得以继续维持十八年之久。

克娄巴特拉是埃及托勒密·奥雷特国王的大女儿,奥雷特死后留下遗嘱让她与大儿子托勒密十二世联合执政,但是,野心勃勃的托勒密十二世把克娄巴特拉赶到了叙利亚,克娄巴特拉不甘心失败,在叙利亚组织了一支精锐的军队,发誓要与弟弟托勒密十二世一决生死。而就在这时,罗马帝国发生了严重的内讧,从此改变了这对姐弟竞争王位的进程。

罗马的权威人物尤利乌斯·恺撒为追歼背叛他的、一度是他的密友和义子的庞培将军,从意大利奋力追到希腊,又从希腊苦苦追到埃及。托勒密十二世先是热情接待了仓皇逃窜的庞培将军,然后用计谋砍下了庞培将军的头颅,献给了恺撒。托勒密十二世本想费尽心力地讨好恺撒,但恺撒非常不高兴,因为他不愿意看到一个身份高贵的罗马将军被弱小的埃及人杀掉。他甚至感到这是一种侮辱。

恺撒率领他的四千罗马士兵在埃及住了下来。数天之后,一卷巨大的地毯正准备被送到恺撒在亚历山大的统帅部,托勒密十二世赶紧下令放行。他讨好恺撒还来不及,怎么敢扣留送给恺撒的宝贵礼物呢!于是,地毯顺利地被送到了恺撒将军的面前。恺撒仔细看了看这卷巨大的地毯,便命令士兵把地毯铺开。

奇迹出现了!突然,一个美艳绝伦的年轻女人,赤裸裸的,浑身上下都散发

着青春活力,甜美地微笑着,从铺开的地毯中"跳"了出来。

恺撒先是吓了一跳,但他马上镇定下来。随后,便立刻被这妩媚动人的女人征服了。

这个"了不起"的女人就是克娄巴特拉!当时,她只有二十一岁。

克娄巴特拉命令自己的部下设法将地毯运送到恺撒的统帅部,但她又是如何知道这卷地毯肯定会如期送到恺撒面前呢?即使送到恺撒面前,假如恺撒不打开地毯呢?或者即使打开了地毯,把她当做刺客处理呢?克娄巴特拉为什么能确信自己会征服恺撒呢?

克娄巴特拉为后人留下了一个谜,一个永远也解不开的谜。

但不管怎么说,克娄巴特拉是一个胜利者。正是因为她的存在,使得恺撒下令:恢复托勒密国王的遗嘱,姐弟俩共同执政。

这以后,又发生了许多不可思议的事情:

恺撒在罗马不幸遇刺身亡;

克娄巴特拉毒死了亲弟弟托勒密十二世,独揽了大权;

恺撒的继任者马克·安东尼一心想要废黜克娄巴特拉,但克娄巴特拉用美色和智谋再次征服了安东尼。

克娄巴特拉三十九岁时,她将一条毒蛇放在自己的胸口上,结束了自己的生命。她的死同样具有神奇的色彩。不管怎样她都是一个非凡的女子,随着她的死去,埃及也变成了罗马的一个行省。

【拿破仑鏖战马伦哥】

在意大利亚历山大城和托尔托纳之间的平原地带,坐落着一个名叫马伦哥的小村庄,1800年初,拿破仑就是在这里击败奥军的。

拿破仑的对手是强大的奥军。当时,供应充足的奥军集中在意大利北方战场的南部,朝着热那亚那一个方向。奥军统帅梅拉斯是一位久战沙场、经验丰富的优秀的将军,他把所有可能与拿破仑遭遇的地点几乎都想到了,但就是没有想到马伦哥,因为他认为拿破仑不会愚蠢到经瑞士越过圣伯尔纳峡谷进军,在

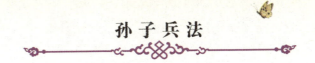

那条可怕的路上,酷寒、雪崩、暴风雪以及脚下的万丈深渊,随时都会把拿破仑连同他的军队消灭掉。

然而,拿破仑恰恰就是选择了这条进军路线。

尽管大炮、弹药箱不时堕入深渊,尽管刺骨的北风无情地将士兵们吹倒,但拿破仑始终坚定不移地指挥部队前进。全军在悬崖峭壁之间展开了漫长的行列。5月16日,全军开始奋力攀登阿尔卑斯山。5月21日,拿破仑亲率主力军到了圣伯尔纳峡谷。5月末,拿破仑的全军突然出现在奥军后方,直奔米兰。6月20日,拿破仑攻占伦巴第,然后又以迅雷不及掩耳之势成功占领了帕维亚、克雷莫纳、皮阿琴察、布里西亚。

梅拉斯调兵遣将急忙去迎击从北部突袭而来的法军,双方的主力在马伦哥展开了激烈的战斗。

这时,奥军仍然处于优势:当拿破仑在峡谷中艰难行军之时,梅拉斯和他的部下正在意大利的城市和乡村中养精蓄锐;拿破仑身边只有二万人,而梅拉斯有三万人;拿破仑只有那么一点少得可怜的炮兵,双方大炮的数量对比是十五门对一百门。差距极其悬殊!

6月14日晨,战幕拉开了。作战刚开始,奥军就显示了自己强大威猛的实力,法军节节败退。下午二时许,法军的败局似乎已成定局,三时后,得意扬扬的梅拉斯甚至派人去维也纳报告奥军已大获全胜的消息。

而拿破仑从容镇定,他再三向他的将军们强调:"战斗尚未结束,胜负还未分出,要坚持,坚持!"

四时刚过,战况突然发生急剧变化:被拿破仑派往南方去切断敌人从热那亚撤退后路的德塞将军,率领他的一个师,火速赶到了拿破仑的身边。

拿破仑的信心倍增,他果断地命令德赛将军身边的鼓手,"小鼓手,打起千倍的精神,用力敲响进军鼓!"

跟着小鼓手猛烈的鼓声,随着德塞将军的闪闪剑光,德塞师向奥军疯狂进攻。紧接着,拿破仑的全军也蜂拥而上。士兵们斗志昂扬,士气高涨,向敌军发起了一次又一次凶猛的进攻,胜利的曙光在微笑着向他们招手……

奥军被彻底地打败了。法国取得了最终的胜利,这胜利却是如此地来之不易。这胜利不仅源于拿破仑的作战策略,还应归功于他那坚定的信心。

虚实篇

原文

孙子曰：凡先处战地而待敌者佚①，后处战地而趋战者劳②。故善战者，致人而不致于人③。能使敌人自至者，利之也④；能使敌人不得至者，害之也⑤。故敌佚能劳之，饱能饥之，安能动之⑥。

出其所不趋⑦，趋其所不意。行千里而不劳者，行于无人之地也⑧；攻而必取者，攻其所不守也。守而必固者，守其所不攻也。故善攻者，敌不知其所守；善守者，敌不知其所攻。微乎微乎，至于无形⑨；神乎神乎，至于无声⑩，故能为敌之司命。

进而不可御者，冲其虚也⑪；退而不可追者，速而不可及也⑫。故我欲战，敌虽高垒深沟，不得不与我战者，攻其所必救也⑬；我不欲战，画地而守之，敌不得与我战者，乖其所之也⑭。

故形人而我无形⑮，则我专而敌分；我专为一，敌分为十，是以十攻其一也，则我众而敌寡；能以众击寡者，则吾之所与战者约矣⑯。吾所与战之地不可知⑰，不可知，则敌所备者多，敌所备者多，则吾所与战者寡矣⑱。故备前则后寡，备后则前寡；备左则右寡，备右则左寡；无所不备，则无所不寡。寡者，备人者也⑲；众者，使人备己者也⑳。

故知战之地，知战之日，则可千里而会战㉑；不知战地，不知战日，则左不能救右，右不能救左，前不能救后，后不能救前，而况远者数十里，近者数里乎㉒？以吾度之，越人之兵虽多，亦奚益于胜败哉㉓？故曰：胜可为也㉔。敌虽众，可使无斗。

故策之而知得失之计㉕，作之而知动静之理㉖，形之而知死生之地㉗，角（jué）之而知有余不足之处㉘。故形兵之极，至于无形㉙；无形，则深间（jiàn）不能窥，智者不能谋。因形而错胜于众㉚，众不能知；人皆知我所以胜之形㉛，

而莫知吾所以制胜之形㉜。故其战胜不复㉝,而应形于无穷㉞。

夫兵形像水㉟,水之形,避高而趋下;兵之形,避实而击虚㊱。水因地而制流,兵因敌而制胜㊲。故兵无常势,水无常形,能因敌变化而取胜者,谓之神。故五行无常胜,四时无常位,日有短长,月有死生。

注释

①凡先处战地而待敌者佚:处,占据。佚,即"逸",指安逸、从容。此句言在作战中,若能率先占据战地,就能使自己处于以逸待劳的主动地位。

②后处战地而趋战者劳:趋,奔赴,此处为仓促之意。趋战,仓促应战。此句意为作战中若后据战地仓促应战,则疲劳被动。

③致人而不致于人:致,招致、引来。致人,调动敌人。致于人,为敌人所调动。

④能使敌人自至者,利之也:利之,以利引诱。意谓能使敌人自来,乃是以利引诱的缘故。

⑤能使敌人不得至者,害之也:害,妨害、阻挠之意。此句言使敌人不能到达战地,乃是牵制敌人的结果。

⑥安能动之:言敌若固守,我就设法使其移动。

⑦出其所不趋:出,出击。出兵要指向敌人无法救援的地方,即击其空虚。不,这里当做"无法、无从"解。

⑧行千里而不劳者,行于无人之地也:无人之地,喻敌松懈无备之处。意谓我方行军千里而不致劳累,乃因行于敌松懈无备处之故。

⑨微乎微乎,至于无形:微,微妙。此句谓虚实运用微妙极致,则无形可睹。

⑩神乎神乎,至于无声:神,神奇、神妙。意为虚实运用神奇之至,则无声息可闻。

⑪进而不可御者,冲其虚也:御,抵御。冲,攻击、袭击。虚,虚懈之处。此言我军进击而敌无法抵御,是由于攻击点正是敌之虚懈处。

⑫退而不可追者,速而不可及也:速,迅速、神速。及,赶上、追上。此句意为我军后撤而敌不能追击,是由于我军后撤迅速,故追赶不及。因此,撤退的主动权也操于我手。

孙子兵法

⑬故我欲战……攻其所必救也：必救，必定救援之处，喻利害攸关之地。此句意为由于我已掌握了作战主动权，故当我欲与敌进行决战时，敌不得不从命。之所以如此，是因为我所选择的攻击点，是敌之要害处。

⑭乖其所之也：乖，违、相反，此处有改变、调动的意思。之，往、去。句意谓调动敌人，将其引往他处。

⑮故形人而我无形：形人，使敌人现形。形，此处用做动词，显露的意思。我无形，即我无形迹(隐蔽真形)。

⑯吾之所与战者约矣：约，少、寡。此句言能以众击寡，则我欲击之敌必定弱小，难有作为。

⑰吾所与战之地不可知：即我准备与敌作战之战场地点敌无从知晓。

⑱不可知，则敌所备者多；敌所备者多，则吾所与战者寡矣：此句意为我与敌欲战之地敌既无从知晓，就不得不多方防备，这样，敌之兵力势必分散；敌之兵力既已分散，则与我局部交战之敌就弱小且容易战胜了。

⑲寡者，备人者也：言兵力之所以相对薄弱，在于分兵备敌。

⑳众者，使人备己者也：言兵力所以占有相对优势，是因为迫使对方分兵备战。

㉑故知战之地，知战之日，则可千里而会战：如能预先了解掌握战场的地形条件与交战时间，则可以赴千里与敌交战。

㉒不知战地……近者数里乎：言若不能预先知道战场的条件与作战之时机，则前、后、左、右自顾不暇，不及相救，何况作战行动往往是在方圆数里甚至数十里的范围内展开呢。

㉓亦奚益于胜败哉：奚，何、岂。益，补益、帮助。谓越国军队人数虽众，但是不能知众寡分合的运用，又怎么会有利于其取胜之企图呢？

㉔胜可为也：为，造成、创造、争取之意。即言胜利可以积极造成。《军形篇》中，孙子从战争之客观规律的角度指出："胜可知而不可为。"此处从主观能动性角度，认为只要充分发挥主观能动性，胜利是可以获得的，即言"胜可为"，两者之间并不矛盾。

㉕策之而知得失之计：策，策度、筹算。得失之计，即敌计之得失优劣。此句言我当仔细筹算，以了解判断敌人作战计划之优劣。

㉖作之而知动静之理：作，兴起，此处指挑动。动静之理，指敌人的活动

规律。意为挑动敌人，借以了解其活动的一般规律。

㉗形之而知死生之地：形之，以伪形示敌。死生之地，指敌之优势所在或薄弱环节、致命环节。地，同下文"处"，非实指战地。言以示形于敌的手段，来了解敌方的优劣环节。

㉘角之而知有余不足之处：角，较量。有余，指实、强之处。不足，指虚、弱之处。此句言要通过与敌进行试探性较量，来掌握敌人的虚实强弱情况。

㉙故形兵之极，至于无形：形兵，指军队部署过程中的伪装佯动。言我示形于敌，使敌不得其真，以致形迹俱无。

㉚因形而错胜于众：因，由、依据；因形，根据敌情而灵活应变。错，同"措"，放置、安置之意。言依据敌情而取胜，将胜利置于众人面前。

㉛人皆知我所以胜之形：人们只知道我克敌制胜的情况。形，形状、形态，这里指作战方式方法。

㉜而莫知吾所以制胜之形：可是无从得知我克敌取胜的内在奥妙。制胜之形，取胜的奥妙、规律。

㉝故其战胜不复：复，重复。言克敌制胜的手段不曾重复。

㉞应形于无穷：应，适应。形，形状、形态，此处特指敌情。

㉟兵形像水：言用兵的规律如同水的运动规律一样。兵形，用兵打仗的方式方法，亦可理解为用兵的规律。

㊱兵之形，避实而击虚：即言用兵的原则是避开敌人坚实之处，攻击其空虚薄弱的地方。

㊲水因地而制流，兵因敌而制胜：制，制约、决定。制胜，制服敌人以取胜。此句意为水之流向受地形高低不同的制约，作战中的取胜方法则依据敌情不同来决定。

译文

孙子说：两军交战，凡先进入战场而等待敌人的一方，就显得安逸从容；后到达战场而仓促应战的一方，就必然疲劳不堪。所以，善于指挥作战的人，总是能设法调动敌人而不被敌人所调动。让敌人自动进入我军预设战场，是用小利引诱的结果；让敌人不能到达其预定地点，是制造困难破坏的结果。所以，对以逸待劳的敌人应该设法使其疲劳，对粮草充足的敌人应该设法使其饥饿，对安

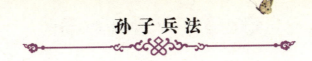

稳的敌人应该设法让它移动。

　　向敌人来不及救援的地方进军，攻击敌人意想不到的地方。行军千里而不劳累，是因为行进在没有敌人的地区；发起进攻而必定能取得胜利，是因为攻击的是敌人没有防备的区域；防守必定能稳固的，是因为防守的是敌人无力攻取的地方。所以，善于进攻的人，敌人不知道应该怎样防守；善于防守的人，敌人不知道应该如何进攻。微妙啊，微妙，使敌人看不到我军的一点儿蛛丝马迹！神奇啊，神奇，使敌人听不到我军的一点儿声息！所以，我们能够把敌人的命运牢牢控制在手中。

　　我们进攻，敌人之所以无法抵御，是因为我们攻击的是敌人兵力空虚的薄弱环节；我们撤退，敌人之所以无法追击，是因为我们的行动迅速，敌人根本就追不上。如果我军准备出兵决战，敌人主力即使有高高的城墙、深深的壕沟可以据守，但不得不出城与我军交战，是因为我军攻击的是敌人必须救援的地方；如果我军不准备交战，哪怕是在地上画一个阵形来防守，敌人也无法与我军决战，这是因为我们设法使敌军调动，引向别处。

　　所以，设法使敌人露出马脚而使我军隐蔽得无影无形，就可以使我军集中兵力，而使敌军兵力分散。我军兵力集中到一处，将敌人兵力分散为十处，这就可以用十倍于敌的兵力去攻打敌军，从而形成我众敌寡的绝对优势。既然能造成以众击寡的态势，那么，我军所攻击的敌军就必然势单力弱。我军计划与敌军决战的地方，敌人是不可能知道的，敌人不知道决战的地方，就会在很多地方设防守备；敌人防备的地方多了，兵力就会分散，那么，我军所面对的敌军数量就少了。所以说，防御了前面，后面的兵力就一定减少；防御了后面，前面的兵力就一定减少；防御了左边，右边的兵力就会减少；防御了右边，左边的兵力就会减少；所有的地方都设防，那么，所有地方的兵力都会减少。敌人兵力缺少，是由于要处处被动地防备我军的进攻；我军兵力众多，是由于设法使得敌人处处要防备自己。

　　所以，只要知道在什么地方、什么时机打仗，即使是行军千里也可以前去与敌人交战；如果不知道在什么地方、什么时机打仗，就会陷于左军不能救援右军、右军不能救援左军、前军不能救援后军、后军不能救援前军的被动局面，更何况远的相隔几十里，近的也要相隔几里，又怎样能应付自如呢？依我的分析来看，越国的军队数量虽然众多，但对决定战争的胜败又有什么帮助呢？所以说，胜利是可以努力争取的。敌军的兵力虽然很多，但是可以让他们无法参与战斗，从而丧失战斗力。

所以,要通过认真的计算来分析敌人作战计划的优劣得失;通过调动敌人来了解敌人的活动规律;通过侦察来了解敌人的有利条件和致命弱点;通过小型的战斗来了解敌人兵力部署的虚实强弱。所以把伪装诱敌运用到极点,就能达到不显露一点儿痕迹的最佳境界。不露痕迹,使深藏于我军内部的间谍不能看到蛛丝马迹,使很高明的敌军将领都不能想出应付的方法来。根据敌情采取策略而取胜,把胜利摆在众人面前,众人还不清楚其中的奥妙所在;人们都知道我军取胜的战术,却不能真正知道我军战术必然克敌制胜的精要。因为每一次作战取胜所采用的战术都不是简单的重复,而是针对不同的敌情灵活运用,使之变化无穷的结果。

用兵打仗的规律就像水的流动一样,水流的规律是避开高处而流向低处,用兵打仗的规律是避开敌军有实力的地方,攻击其虚弱的地方。水根据地势的高低而决定其流向,用兵打仗则要根据敌人的虚实来选择不同的制胜方法。所以说,用兵打仗没有固定的形式,水流也没有固定不变的形态。能够根据敌情的变化而采取相应战术,最后取得胜利,就可以说是"用兵如神"。"五行"(金、木、土、水、火)相生相克,没有哪一行可以永远占优势;"四时"(春、夏、秋、冬)轮回更替,没有哪一季总是固定不动。一年之中,白天有时长,有时短;一月之内,月亮也是有时盈有时亏。

战例

【魏舒因势更制破戎狄】

据史书记载,在中国的战争史上,作战从战车转为步战,最早是从晋荀吴伐戎狄后开始的。

春秋时期,太原是戎狄人主要聚居的地区,他们凶猛强悍,经常派兵大肆侵扰晋国的北部地区。晋平公十七年,荀吴奉晋侯之命,率千乘战车,浩浩荡荡讨伐戎狄。可部队一开进戎狄领地就吃尽了苦头:那里沟壑纵横交错,道路崎岖,众多的战车和士兵拥挤在狭窄的山道上,人车拥挤,稍不留神,战车就会翻进山沟,车毁人亡。戎狄士兵不时乘机袭击,他们对地形十分熟悉,有利则战,不利则

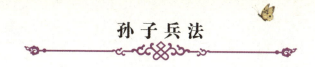

走，越沟跳涧，如履平地，来无影去无踪，晋军只有被动挨打的份儿。

眼见军队人心惶惶，士气消沉，晋军统帅荀吴整日忧心忡忡。

大将魏舒前来献策："这里地形复杂，四十名士兵跟一辆战车反而难以施展，不如每车挑选十名，即可取胜。"

荀吴应允，并交由魏舒去办理。魏舒带着新组建的战车同戎狄人交战，果然胜了。

正当晋军喜出望外之时，情况又发生了变化，戎狄人战败后退守山林，兵车根本就无法追击。

魏舒又建议说："将军，我们干脆也丢弃兵车，重新更制编伍，跟戎狄人一样，徒步作战算了！"

荀吴觉得有道理，于是，魏舒就开始着手改编部队。没想到他自己的车兵却闹起事来，他们不愿意和步兵同列，魏舒当场杀了那个带头闹事的，顿时全军肃然。

魏舒把车兵和步兵混编在一起，五人一伍，作为战斗的最小组织。又把伍编成能互相配合应援的军阵：作战之时，前面布两伍，后面布五伍，右面一伍，左面三伍，形成后强前弱中间空的方阵。他还挑选出十伍机警的士兵组成突击队，互相配合支援。

魏舒带着这支新编组的队伍向深山密林挺进。躲在林中的戎狄人见晋兵一反常态，无车无马，零星分散，不由得放声大笑。他们也没布阵就横冲直撞过来，两军相接，晋兵佯装败退，戎狄兵满不在乎地追过来。一声鼓响，晋军从三面掩杀过来，把他们分割包围，戎狄顿时乱作一团，慌忙转身逃命。不料，归路早被布置在阵前的士兵切断，待往左右溃逃时，晋军的左右队伍截住厮杀。晋军一路杀来，戎狄兵士死伤无数，只得乖乖地束手就擒。

晋军用同样的方法作战都取得了胜利。在这以后的很长时间里，戎狄部落不敢再骚扰晋国北部。

【齐魏桂陵、马陵之战】

战国中期，在桂陵、马陵等地发生了齐魏争霸之战。在这两场战争中，由于

孙子兵法

齐国军事家孙膑将孙子兵法的"避实击虚"、"攻其所必救"、"致人而不致于人"的战略思想进行了创造性的运用,因而一举击败了实力强大的魏国军队,使魏国的实力逐渐减弱,最终丧失了优势地位。

战国初,魏国在齐、魏、韩、赵、秦、楚、燕七国中首先成为强盛的国家。一方面是由于魏国在三家分晋时,分得了今山西西南部的河东地区,这一地区,原来生产较发达,经济基础较好;另一方面,是由于魏国在魏文侯时期,任用了李悝、吴起、西门豹等人,进行了一系列的改革。魏国在政治上逐步废除了世袭的禄位制度,实行"食有劳而禄有功"的制度,建立起比较健全的封建地主政权。经济方面,魏国推行"尽地力"和"善平籴"的政策,并且兴修水利,提倡大量开垦荒地,促进了生产的发展。军队建设方面,建立了"武卒"制度,考选勇敢有力的人加以训练,大大地提高了军队的战斗力。这些措施的实施,使魏国逐渐强大起来了。魏惠王在位时,魏国将国都从安邑(今山西夏县北)迁到河南中部的大梁(今河南开封),从而使魏国的国力达到了它的鼎盛时期。

齐国在当时也是较大的诸侯国。公元前356年,齐威王即位后,任用邹忌为相,改革政治,加强中央集权,进行国防建设,国力逐渐强盛。在魏国不断向东扩展的形势下,齐国为了同魏国抗衡,便利用魏国与赵、韩之间的矛盾,展开了对魏的斗争。

公元前354年,赵国为了同魏国抗衡,向卫国发动了进攻,企图夺占位于赵、魏之间的卫国领土,取得战略上的有利地位。卫国原是魏国的属国,现在赵要将它变为自己的属国,魏国自然反对。魏国以护卫为由,出兵包围了赵国的国都邯郸。赵与齐是盟国,当邯郸告急时,赵国派使者于公元前353年向齐国求救。齐国此时正在图谋向外发展,因此答应抗魏救赵。

齐威王召集大臣商讨救赵的办法。齐相邹忌主张不去救赵,齐将段干朋则认为不救赵国不仅对赵国失去信用,而且对齐国本身也不利。他从齐国的利益出发,提出一个先让赵、魏两国相互攻战,使之两败俱伤,然后齐国"承魏之弊"出兵救赵的战略方针。齐威王采纳了段干朋的意见。齐国以少量兵力南攻襄陵,以牵制、拖住魏国,坚定赵国抗魏的决心。齐军主力则按兵不动,静观其变,准备在时机成熟时出兵救赵。

公元前353年,魏国攻占了邯郸。此时,齐威王认为出兵救赵的时机已经成熟,于是就命令田忌为主将,孙膑为军师,统率大军救援赵国。

孙膑是《孙子兵法》作者、春秋时期著名军事家孙武的后裔。年轻时他曾和

魏国人庞涓一起学习过兵法,后来庞涓在魏国做了将军,他自知能力不及孙膑,便诈将孙膑请到魏国。魏惠王对孙膑的欣赏,加重了他对孙膑的嫉妒。庞涓伪造了罪名,私用刑法挖掉了孙膑两腿的膝盖骨,并在他的脸上刺字涂墨,妄图使他永远不能够出头露面。孙膑忍辱负重在魏多时,直到有一天他听说齐国使者来到魏国,便以犯人的身份偷偷地见了使者。齐使得知孙膑是个难得的人才,就暗中把他藏在车子里,带回了齐国。没有多久,孙膑得到齐将军田忌和齐威王的赏识。这次齐军救赵,齐威王是打算派孙膑为主将发兵前往的,但孙膑不想把自己的名字暴露出来,以免引起庞涓的注意,于是孙膑推说自己是受刑身残的人,不适宜为将帅。齐威王遂改用田忌为主将,孙膑为军师,大举伐魏救赵。

田忌打算奔邯郸,同魏军主力交战以解邯郸之围。孙膑表示不赞同,提出了"批亢捣虚"、"疾走大梁"的正确策略。他说:"要解开乱成一团的丝线,不能用手硬拉硬扯;而要调解别人打架,自己不能帮助去打。派兵解围的道理也一样,不能以硬碰硬,而应该避实击虚,避强击弱,攻其要害,使敌人感到行动困难,有后顾之忧,自然而然把围给解了。现在魏、赵相攻,已经相持了一年多,魏军的精锐部队都在赵国,留在自己国内的是一些老弱残兵。我看你应该统率大军迅速向魏国都城大梁进军。这样,魏军必然回兵自救,我们可以一举而解救赵国之围,同时又能使魏军疲于奔命,便于我们打败它。"田忌采纳了孙膑的意见,率齐军主力向魏国国都大梁进军。大梁是魏国的政治经济中心。庞涓得知大梁危急的消息,惊慌失措。魏军不得不以少数兵力控制历尽艰辛刚刚攻下的邯郸,而以主力急忙回救大梁。这时,齐军已将地势险要的桂陵作为预定的作战区域,迎击魏军于归途。魏军由于长期攻赵,兵力消耗很大,长途跋涉使士卒更加疲惫不堪,而齐军则是占有先机之利,以逸待劳,士气旺盛。所以,面对齐军的阻击,魏军完全陷入了被动局势,终于惨败而归。

魏军虽然败于桂陵之战,但魏国仍实力未减,并没有因此而放弃邯郸。后来,由于秦国不断向魏国进攻,魏国没有力量同时与东方的齐赵和西方的秦国进行战争,才放弃了吞并赵国的打算。真正使魏遭到严重削弱是十年后发生的马陵之战。

公元前342年,魏国攻打韩国。韩国急忙向齐求救。齐相邹忌主张不救。田忌认为如不救韩,韩将有可能归于魏,主张尽早救之。孙膑既不同意不救,亦不同意早救。他认为:现在韩、魏两军均未疲惫,如果不考虑到利害得失发兵去救,将陷入政治上的被动,被迫听命于韩,也没有胜利的把握。魏国此次出兵,意在灭韩,我们应因势利导,首先向韩表示必定出兵相救,促使韩国竭力抗魏。等到韩国处于危亡之际,再发兵救援,韩国到那时必然感激齐国,齐国既可受韩重利,又可得到尊名,一举两得。齐威王采纳了孙膑的建议,暗中答应韩国使者出兵支援。韩国仗恃着齐国的帮助,坚决抵抗。韩、魏先后五次交战,韩国均失败了。这时,韩国又向齐告急。齐威王在韩魏俱疲之时,又任命田忌为主将,孙膑为军师,攻魏救韩。孙膑又使出"围魏救赵"的老办法,直向魏都大梁进军。魏国主将庞涓闻讯,立即把军队从韩国撤回来,这时,齐军已经越过国境,行进魏国。孙膑得知庞涓已从后面赶来,于是对田忌说:"魏国的军队素来强悍英勇,没有把齐国放在眼里,我们应因势利导,装着胆怯而逃亡的样子,诱魏军中计。兵法上说,乘胜追赶敌人,如果超过百里以上,就会因为给养路线太长,三军的将帅都有可能被俘虏;如果超过五十里以上,上将有受挫折的危险。如今我军进入魏国境内已很远了,可用减灶之计。我们齐军今日在宿营地做十万个灶,明日只做五万个灶,后日到宿营地只做三万个灶,逐日减灶,使魏军认为我们怯战,有很多士兵逃亡,他们必然趾高气扬,日夜兼程前来追击。这样,既消耗了他们的力量,又麻痹了他们的斗志,然后我们再用计来打败他们。"田忌听后采纳了他的意见。

庞涓回兵进入国境,得知齐军早已前去,于是奋起直追。途中,庞涓仔细观察了齐军安营地方遗留下的痕迹,以了解敌情。追了三天,虽然还没有追上,庞涓却喜出望外,很有把握地认定齐军怯战,逃亡的士兵已过半数。他当机立断,决定甩下步兵,只统率一部分轻装的精锐部队,以一天走两天的路程,快速追赶齐军。孙膑估计了庞涓追兵的行程,认定魏军晚上必然到达马陵(今河北大名东南)。马陵道路狭窄,在两山中间,险阻峻峭,便于埋伏军队。孙膑命士卒砍倒了路边的树木,只留下最大的一棵树,其余的树乱七八糟地横在路上,以阻塞交通。在留下的那棵树的东面,剥去一大块树皮,露出白色的树身,在上面写上几个大字:"庞涓死于树下。"孙膑又在军中抽调最会射箭的士卒一万人,分成两队埋伏在道路两旁的险阻之处,并吩咐他们只要看到树下的火光一亮,就立即朝树下放箭。他又调一部分军队隐蔽在离马陵不远的地方,只等魏军一过,便从后面截断退路。果然,那天晚上庞涓率领轻骑进入马陵道,他看到一棵大树,上面有着一行字,但瞧不清楚,于是他叫士兵点起火把来看,这时,齐军万箭齐发,魏军大乱溃散,庞涓自知上当,但败局已定,便愤恨自杀。齐军在庞涓自杀之后,乘胜进攻,大败魏军,并俘虏太子申。

马陵之战使魏国遭到前所未有的惨败。接着,齐、秦、赵从东西北三面夹攻

魏国。公元前340年，秦商鞅用计抓到魏公子印，大破魏军，魏军又一次惨败。后来到"会徐州相王"时，强盛一时的魏国终于向齐国表示了屈服，战国的形势由此发生重大转折，齐国代替魏国而称霸诸侯。

桂陵之战和马陵之战，孙膑都成功地运用了《孙子兵法·虚实篇》中所提出的"避实击虚"、"攻其所必救"的作战原则，将实力强大的魏军两次击败。从桂陵、马陵之战中，我们看到孙子的"避实击虚"、"攻其所必救"、"先处战地而待敌"、"致人而不致于人"等军事理论由孙膑进行了富有创造性的运用，其合理性与科学性经受了时间的检验与历史的印证。

【王翦灭楚国】

王翦是秦国优秀的军事将领。他有勇有谋，屡建奇功，深得秦王政的重用。他创下了许多以少胜多、以寡敌众的战绩。

秦王政二十一年（公元前226年），秦王准备吞并楚国，他问年轻骁勇的李信攻楚需要多少兵马。这位青年将军说："二十万足矣。"秦王又问王翦，王翦答道："非六十万不可，二十万人攻楚必败！"秦王不由得暗叹："看来王翦年纪大了！不能重用了！"于是秦王命李信率二十万大军攻楚。

公元前225年，李信一鼓作气攻下平舆。楚国上下大为震惊，楚王闻报，连忙拜项燕为大将，带兵二十万人，水陆并发，火速迎战李信。李信不是项燕的对手，被项燕设下的七路兵马杀得狼狈而逃。项燕紧追三日三夜，秦兵死伤无数。秦王得报，方后悔未听王翦之言。

李信出征之时，王翦就已托病回家养老。秦王政遂亲自到王翦家，恳请王翦出征。王翦说："大王若真用臣，非得六十万人不可。""灭一个楚国，为什么需要这么多军队？"秦王疑惑地问。"大王，用兵多少，全根据实际情况。想那楚国幅员辽阔，兵力强盛，不用六十万难以取胜。"王翦分析说。秦王应允，他把王翦请回朝中，拜为大将，统率倾国之兵六十万伐楚。

临行之际，王翦自怀中取出一个竹简，呈给秦王。秦王一看，不由得哈哈大笑起来。原来简上写的是请秦王多多赐他良田美宅。秦王说："将军得胜归来，寡人怎能亏待于你，不必担心。"

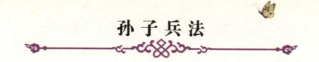

王翦统兵出征后，又五次派人回朝请求赏赐良田。部下都笑他过于贪心，王翦说："哎，秦王多疑，他把全国军队交我指挥，怎能放心！我这不过是表示自己胸无大志罢了。"部下点头佩服。

王翦一路势如破竹，占领了楚国的陈至平舆之间的大片楚地。楚王情急之下把国中兵马全都调来迎敌。

王翦连营四十里，项燕每日派人挑战，王翦始终坚守不出。项燕自忖："王翦太老了，居然如此胆怯。"

王翦每日让士兵洗浴休息，改善伙食，和士兵同吃同住，将士感动不已。每每请战，王翦都摇头不允。

王翦不准自己的兵士进楚界打柴，但楚人过来，他却命人以好酒款待，然后放回。士兵们闲着无事，竟然玩起跳高、投石的游戏来，王翦暗中派人记下游戏的胜败，以观测他们体力之强弱。

一晃几个月过去了，秦兵养得精力充沛，体格健壮；而楚兵却早已麻痹懈怠。这一天，王翦突然下令攻楚，他挑选了两万勇士作为冲锋队，将士们个个斗志高昂，摩拳擦掌。楚军毫无防备，仓皇应战，大败而逃，而秦兵养精蓄锐多日，用兵一时，以一抵百。

秦王政在灭楚后，大宴功臣，称赞王翦说："王老将军真是寡人之良将也！"

【赵延进随机应变败辽军】

宋太宗赵光义生性多疑，办事极为小心谨慎。他为了防止将领们拥兵自重，每到用兵之时，才临时任命官员担任指挥使、都招讨使等职务，率兵出征。另外，将领指挥作战都必须用皇帝亲授的阵图，否则必定严惩不贷。这样一来，尽管宋朝兵多将广，武器精良，但由于照图打仗，不能实事求是地进行战略部署，导致在与辽国作战时屡战屡败。

辽国燕王韩匡嗣于公元979年九月又领兵大举入侵宋朝边境。太宗命云州观察使刘廷翰率兵御敌，命崔翰、赵延进、李继隆等带兵参战。

临行之时，太宗又故技重演，把阵图赐给了众将，命他们必须按图作战，还要务必求胜。

诸军行到满城之时,辽兵漫山遍野,从东西两面蜂拥而来,登高远眺,只见浓烟滚滚,望不到边际。

众将眼看辽兵就要杀上来了,急忙按图布阵。太宗这次赐给他们的阵图是把大军分成八阵,每阵之间相隔百步远,把兵力都给分散开。

兵力如此分散,岂能挡住辽兵数万铁骑的冲击?士兵们士气消沉,人心惶惶。"皇上派我们来,不就是要把敌人击退吗?按照图上打,非败不可,情况如此危急,只有集中兵力,才能取得胜利。这样虽然有不照图打仗的罪名,但总比失败溃逃好得多!"赵延进严肃认真地大声说道,他下定决心要根据实际情况排兵布阵。

"万一败了,那可如何是好?"崔翰忧心忡忡地说。

"如果兵败,罪名由我一人承担。"赵延进坚定地说,因为他见辽国大军已迫近,不能再迟疑了。可崔翰还是拿不定主意。

"兵贵适变,怎能预定,这违背圣旨的罪名,我一人承担了,如再迟疑,可就来不及了!"李继隆也催促说。

崔翰终于下定决心,把八阵改为二阵,前后接应。还派人去诈降。辽燕王韩匡嗣深信不疑,丝毫没有防备。

没过多久,战鼓齐鸣,喊声震天,宋军突然杀出,辽军措手不及,很快败退下去;宋军穷追猛打,许多辽兵坠入坑谷,死伤无数。赵延进的随机应变,使得宋军大获全胜。

大败辽军的消息很快传到了王宫,宋太宗满心欢喜,不仅没有追究赵延进的责任,而且还重重封赏了他。

【袁崇焕炮击努尔哈赤】

东北地区的少数民族女真于1616年建立了后金政权。后金首领努尔哈赤骁勇善战。他看到明朝日益废弛,就一再向明朝发动进攻,至1622年,后金不但占领了关外的大片地区,并直接威胁到山海关内的安全。

明朝上下一片慌乱:究竟是退守关内,还是在关外拒敌?大臣们分持两种意见。想派人去关外指挥作战,又愁没人!

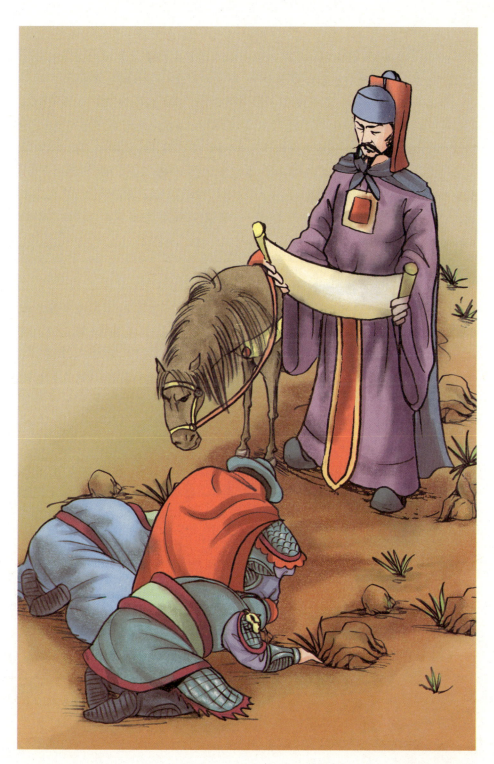

恰逢此时，刚从关外实地考察归来的兵部职方主事袁崇焕自告奋勇去守辽东。于是袁崇焕立刻被破格提升为佥事，日夜兼程赶赴关外监督军事。

袁崇焕到任后，主张积极防御，"坚守关外，以捍关内"，决定在山海关外的宁远建立防线。因为宁远地形险要，东边是滔滔的渤海，西面是高高的群山，还可以和峙立海中的觉华寺互为犄角。在此设防，就可以扼住入关的通道，阻止后金军南下。而辽东经略王在晋则主张"重点设险，卫山海以卫京师"的御敌方针，坚持要在山海关外八里铺筑重关。这无疑是一种消极防御的方针。两人意见不合，在这种局面下，袁崇焕只好以书面形式上报京师，并指出王在晋消极防御的错误。

不久，朝廷派兵部尚书孙承宗来山海关察看，孙承宗是个深谋远虑的人，他通过实地调查，大力支持袁崇焕，并委派他去宁远驻防。

宁远靠近渤海，袁崇焕到宁远后，见城墙只修了三分之一，且厚度和高度都不够，立即下令重新修筑城墙，要求墙基宽三丈、墙头宽二丈四尺、墙高三丈三尺，还在城墙头上修了六尺高的射箭用的护身墙。不过一年的工夫，宁远成了一个坚固的军事重镇，而且商业也日益繁华起来，老百姓安居乐业，这被人们誉为"关外乐土"。1624年，袁崇焕得孙承宗批准，又把防线向前推进两百里，形成了以宁远、锦州为重点的宁锦防线。

但在此关键时刻，朝廷派胆小如鼠的高第接替孙承宗的职务，他不顾袁崇焕的竭力反对，把锦州、右屯等地的守军匆匆全撤回了山海关。仓促之间，努尔哈赤得知明朝辽东前线换了主帅，前线防务自动撤离，喜出望外，立即调十三万大军，浩浩荡荡地向南大举进攻。宁远城共有一万多兵马，袁崇焕只好让百姓全部退入城中，烧掉所有民房，不给敌人留下任何可利用的掩体。

一月二十四，努尔哈赤下令开始攻城。正值严冬，袁崇焕早已命人用水泼在城墙上，冻了一层冰，惯于爬城的后金兵都滑了下来。后金兵又搬来云梯、撞车，努尔哈赤亲自督战，大批骁勇的士兵头顶盾牌，前仆后继。袁崇焕在城头上指挥明军用石头、弓箭、各种火器狠狠打击后金兵。但明军炮石、火器有限，又无援军，在这种情势下，只能速战速决。袁崇焕命炮手对准金兵密集的地方轰击，后金军成片成片地倒下，努尔哈赤没有办法，只好下令收兵。

第二天，努尔哈赤又调集铁甲军顶着盾牌，选派大批身高体壮的士兵分十几处登城。后金军箭如飞蝗般越过城墙，眼看各处人马蜂拥而上，明军将士们急不可待，可袁崇焕就是不许开炮，直等后金兵快到城下，他才把手中的令旗一挥,大声命令:"开炮。"霎时炮声震动天地,后金兵死伤不计其数,侥幸未伤者仓皇逃命,互相践踏,连努尔哈赤也身受重伤,只得退兵,明军出城追杀后金兵,大胜而归。

喜讯传到北京,明王朝统治者非常高兴,立即颁旨升袁崇焕为右佥都御史。

小百科 / XiaoBaiKe

1132年,南宋军事家陈规发明了一种管形火器——火枪,这是世界军事史上最早的管形火器,可称为现代管形火器的鼻祖。1860年,美国率先研发出了连珠枪。该枪是一种单发步枪,依靠弹仓存贮弹药,用手扳动枪机即可重新推弹入膛,可接连射击。第一支半自动步枪是墨西哥将军蒙德拉贡设计的。在第二次世界大战中被公认的最好的步枪是美国人约翰·坎特厄斯·加兰德研制的M1加兰德步枪。

军争篇

原文

孙子曰：凡用兵之法，将受命于君，合军聚众，交和而舍①，莫难于军争②。军争之难者，以迂为直，以患为利③。故迂其途而诱之以利④，后人发，先人至，此知迂直之计者也。

故军争为利，军争为危⑤。举军而争利则不及⑥，委军而争利则辎（zī）重捐⑦。是故卷甲而趋⑧，日夜不处⑨，倍道兼行⑩，百里而争利，则擒三将军⑪，劲者先，疲者后，其法十一而至⑫；五十里而争利，则蹶（jué）上将军⑬，其法半至⑭；三十里而争利，则三分之二至⑮。是故军无辎重则亡，无粮食则亡，无委积则亡⑯。

故不知诸侯之谋者，不能豫交⑰；不知山林、险阻、沮（jù）泽之形者，不能行军；不用乡导者，不能得地利。故兵以诈立⑱，以利动，以分合为变⑲者也。故其疾如风，其徐如林，侵掠如火⑳，不动如山，难知如阴㉑，动如雷震。掠乡分众㉒，廓地分利㉓，悬权而动㉔。先知迂直之计者胜，此军争之法也。

《军政》曰："言不相闻，故为金鼓㉕；视不相见，故为旌旗㉖。"夫金鼓、旌旗者，所以一人之耳目也㉗。人既专一㉘，则勇者不得独进，怯者不得独退，此用众之法也㉙。故夜战多火鼓，昼战多旌旗，所以变人之耳目也㉚。

故三军可夺气㉛，将军可夺心㉜。是故朝气锐，昼气惰，暮气归。故善用兵者，避其锐气，击其惰归，此治气者也㉝。以治待乱㉞，以静待哗㉟，此治心者也。以近待远，以佚待劳，以饱待饥，此治力者也㊱。无邀正正之旗㊲，勿击堂堂之陈㊳，此治变者也㊴。

故用兵之法，高陵勿向㊵，背丘勿逆㊶，佯北勿从㊷，锐卒勿攻㊸，饵兵勿食㊹，归师勿遏㊺（è），围师必阙㊻（quē），穷寇勿迫，此用兵之法也。

孙子兵法

①交和而舍:两军营垒对峙而处。交,接触。和,和门,即军门。两军军门相交,即两军对峙。舍,驻扎。

②莫难于军争:于,比。军争,两军争夺取胜的有利条件。

③以迂为直,以患为利:迂,曲折、迂回。直,近便的直路。意为将迂回的道路变成直达的道路,把不利的(害处)变为有利的。

④故迂其途而诱之以利:"其"、"之"均指敌人。迂,此处用做使动。前句就我军而言,此句就敌而言。军争时既要使自己"以迂为直,以患为利",也要善于使敌以直为迂,以利为患。而达到这一目的,在于以利引诱敌人,使其行迂趋患,陷入困境。

⑤军争为利,军争为危:为,这里作"是"、"有"解。此句意为军争既有有利的一面,也有不利的一面。

⑥举军而争利则不及:举,全、皆。率领携带装备辎重的全部军队前去争取先机之利则不能按时到达。不及,不能按时到达预定地点。

⑦委军而争利则辎重捐:委,丢弃、舍弃。辎重,包括军用器械、营具、粮秣、服装等。捐,弃、损失。句意谓如果扔下一部分装备去争利,则装备辎重将会受到损失。

⑧卷甲而趋:卷,收、藏的意思。甲,铠甲。趋,快速前进。意谓卷甲束杖急速进军。

⑨日夜不处:处,犹言止、息。"日夜不处"即夜以继日,不得休息。

⑩倍道兼行:倍道,行程加倍。兼行,日夜不停。

⑪擒三将军:擒,俘虏、擒获。三将军,三军的将帅。此句意为若奔赴百里,一意争利,则三军的将领会成为敌之俘虏。

⑫劲者先,疲者后,其法十一而至:意谓士卒身强力壮者先到,疲弱者滞后掉队,这种做法只有十分之一兵力能到位。

⑬五十里而争利,则蹶上将军:奔赴五十里而争利,则前军将领会受挫折。蹶,失败、损折。上将军,指前军、先头部队的将帅。

⑭其法半至:通常的结果是部队只能有半数到位。

⑮三十里而争利,则三分之二至:奔赴三十里以争利,则士卒也仅能有三分之二到位。

⑯无委积则亡:委积,指物资储备。军队没有物资储备作补充,亦不能生存。

⑰不知诸侯之谋者,不能豫交:谋,图谋、谋划。豫,通"与",参与。句意为不知诸侯列国的谋划、意图,则不宜与其结交。

⑱兵以诈立:立,成立,此处指成功、取胜。此言用兵打仗当以诡诈多变取胜。

⑲以分合为变:分,分散兵力。合,集中兵力。言用兵打仗当灵活地使兵力分散或集中。

⑳侵掠如火:攻击敌军恰似烈火之燎原,不可抵御。侵,越境进犯。掠,掠夺物资。侵掠,此处意为攻击。

㉑难知如阴:隐蔽真形,使敌莫测,有如阴云蔽日不辨晨昏。

㉒掠乡分众:乡,古代地方行政组织。此句说,掠取敌乡粮食、资财要兵分数路。

㉓廓地分利:此句言应开土拓疆,扩大战地,分兵占领扼守有利地形。廓,同"扩",开拓、拓展之意。

㉔悬权而动:权,秤锤,用以称物轻重。这里借指衡量、权衡利害、虚实之意。言权衡利弊得失而后采取行动。

㉕言不相闻,故为金鼓:为,设、置。金鼓,古代用来指挥军队进退的号令设施,擂鼓进兵,鸣金收兵。

㉖视不相见,故为旌旗:旌旗,泛指旗帜。

㉗所以一人之耳目也:意谓金鼓旌旗之类,是用来统一部卒的视听、统一军队行动的。人,指士卒、军队。一,统一。

㉘人既专一:专一,同一、一致。谓士卒一致听从指挥。

㉙此用众之法也:用众,动用、驱使众人,也即指挥人数众多的军队。法,法则、方法。

㉚夜战多火鼓,昼战多旌旗,所以变人之耳目也:变,适应。此句意为根据白天和黑夜的不同情况来变换指挥信号,以适应士卒的视听需要。

㉛故三军可夺气：夺，此处作"失"解。气，指旺盛勇锐之士气。意谓可以挫伤三军旺盛勇锐之气，使之衰竭。

㉜将军可夺心：夺，这里是动摇之意。指将帅的意志和决心可以设法使之动摇。

㉝此治气者也：治，此处作掌握解。意谓这是掌握运用士气变化的通常规律。

㉞以治待乱：以严整有序之己对付混乱不整之敌。治，整治。待，对待。

㉟以静待哗：以自己的沉着镇静对付敌人的急躁骚动。哗，喧哗，指骚动不安。

㊱此治力者也：此乃掌握运用军队战斗力的基本方法。

㊲无邀正正之旗：邀，迎击、截击。正正，严整的样子。意为不要迎击旗帜整齐、部署周密的敌人。

㊳勿击堂堂之陈：陈，同"阵"。堂堂，壮大。即不要去攻击阵容强大、实力雄厚的敌人。

㊴此治变者也：言此乃掌握机动应变的一般方法。

㊵高陵勿向：高陵，高山地带。向，仰攻。即对已经占领了高地的敌人，我军不要去进攻。

㊶背丘勿逆：背，倚托之意。逆，迎击。言敌人如果背倚丘陵险阻，我军就不要去正面进攻。

㊷佯北勿从：佯，假装。北，败北、败逃。从，跟随。言敌人如果伪装败退，我军就不要去追击。

㊸锐卒勿攻：锐卒，士气旺盛的敌军。意谓敌人的精锐部队，我军不要去攻击。

㊹饵兵勿食：此谓敌人若以小利作饵引诱我军，则不要去攻取它。

㊺归师勿遏：遏，阻击。对于正在向本国退却的敌军，不要去正面阻击。

㊻围师必阙：阙，同"缺"。在包围敌军作战时，当留有缺口，避免使敌作困兽之斗。

译文

孙子说:用兵的一般法则,将帅接受国君的命令,从征集民众、编组军队,直至与敌军列阵对峙,这中间没有比争夺有利条件更困难的了。争夺有利条件之所以困难,就在于要把迂回弯曲的道路变为直道捷径,把不利的因素变为有利的因素。所以,设法使敌军的进军道路变得迂回弯曲,用小利引诱敌人上当而改变行军路线,就能做到我军虽后于敌军出发,却能先于敌军到达战场,占据有利地形。这才是真正懂得以迂为直的计谋的将帅。

争夺有利条件,既有获得先机之利的可能,也有走向危险局面的可能。如果全军出动,携带所有装备辎重去争夺先机之利,往往无法按时到达预定地域;如果丢下装备辎重去争夺,就会损失装备辎重。因此,让将士卷起盔甲轻装前进,昼夜不停,一天走两天的路程,急行百里去争先机之利,那么,三军的将帅都可能被敌军所俘虏;健壮的士卒先到,疲弱的士卒后到,结果一般是只有十分之一的兵力能够到达预定的目的地。用这样的方法,急行五十里去争利,那么,前军的将领就会遭受挫败,兵力也只有一半可以如期到达;同样,急行三十里去争利,也只能有三分之二的兵力能如期到达。要知道,军队没有装备辎重就会被歼灭,没有粮食供应就不能生存,没有军用物资的储备就必然失败。

不了解诸侯列国的战略意图,就不能与其结盟;不了解山林、险阻、沼泽等地形,就不能行军打仗;不利用当地人做向导,就不能得到地利。所以说,用兵打仗要依靠诡诈多变来取胜,根据是否有利来决定自己的行动,按照分散或集中的方式来变换战术。这样,军队的行动,迅速时像疾风一样急骤,缓慢时像森林一样轻摇不乱,进攻时像烈火一样猛烈,防御时像山岳一样纹丝不动,隐蔽时像浓云漫天一样不可揣测,运动起来,反应快捷,大有迅雷不及掩耳之势。掳掠敌国的乡邑,要兵分数路;开拓疆土,要分兵扼守要害之地,权衡利害关系,而后决定行动。只有事先懂得"以迂为直"战术的将帅,才会赢得胜利,这是争夺先机之利的基本原则。

《军政》(古代兵书)中说:"作战时,用语言指挥,众人可能听不清楚,所以要设置锣鼓;用动作指挥,众人看不见,所以要设置旌旗。"金鼓旌旗的作用,是用来统一军队上下行动的,全军上下众志成城,那么,勇敢的士卒就不能单独冒进,怯懦的士卒也就不能独自后退。这是指挥大部队作战的方法。因而夜战多用

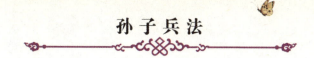

火把锣鼓,昼战多用旌旗,是为了根据白天和黑夜的不同情况来变换指挥信号,以适应士卒的视听需要。

对于敌军,可以使其士气衰落,对于敌军将领,可以使其决心动摇。一般情况下,刚刚投入战斗时,军队的士气饱满旺盛,经过一段时间,士气就会逐渐懈怠减弱,最后,士气便完全衰竭,人人思归了。所以,善于用兵的人,总是避开敌人士气旺盛、斗志昂扬的时候,等到敌人士气低落、衰竭的时候再发起攻击,这是针对士气而用兵的方法。用自己的严整对付敌人的混乱,用自己的镇静对付敌人的轻浮急躁,这是根据敌军心理而用兵的方法。以我军就近占领阵地来迎战长途跋涉的敌军,以我军的安逸休整来迎战疲劳奔走的敌军,以我军的粮饷充足来迎战饥饿不堪的敌军,这是掌握军队战斗力而用兵的方法;不要去迎击部署周密、旗帜整齐的敌人,不要去进攻阵营雄壮、组织严整的敌人,这是掌握灵活机变而用兵的方法。

因此,用兵的基本原则是:敌人占领高地时不要去仰攻,敌人背靠高地时不要正面攻击,敌人伪装败退时不要跟踪追击,对敌人的精锐部队不要贸然攻打,对敌人的诱兵不要理睬,对撤退回国的敌人不要半途阻击,对敌人实行包围时要留下缺口,对陷入绝境的敌人不要过分逼迫。这些都是指挥作战最基本的原则。

战例

【曹刘争夺汉中之战】

赤壁之战后,刘备占据了荆州、益州,与占据黄河流域的曹操、占据江南的孙权形成了三足鼎立的局势。公元215年,曹操消灭了西北的马超、韩遂势力后,亲率大军进攻汉中的张鲁,占据了汉中。汉中地处益州,曹操进军汉中,使刘备感到自己在四川的统治及其稳定性受到影响,而且,由于汉中地理位置十分重要,刘备也不甘心它落于曹操手中,于是曹操、刘备争夺汉中之战发生了。在汉中之争开始时,刘备在争夺战中处于不利的地位,但由于刘备善于将不利因素

化为有利因素,成功地抢占了军事要地——定军山,从而争得了这场战争的制胜权,最终占据了汉中,迫使曹军退出汉中,取得了这场战争的胜利,也巩固了自己在四川的统治。

公元215年,曹操率大军进攻汉中的张鲁。张鲁是东汉时期"五斗米教"的传教人,被东汉统治者封为镇民中郎将后,领汉中太守。张鲁得知曹操进攻汉中,自思以汉中一隅之地,不足以与曹操对抗,想投降曹操,但他的弟弟张卫不同意。张卫在曹军到达阳平关时,率领一万多人据关坚守,阳平关最终还是被曹操攻破,张鲁及汉中地区的首领均投降于曹操。因此,曹操基本上控制了汉中地区。

刘备对于曹操势力进入汉中,而且深入巴中地区十分担心。他派部将黄权出兵击败了曹军在巴中地区的守军,控制了这一地区。这时曹操的军队在汉中休整,司马懿曾向他建议,要他抓住时机进攻益州。曹操鉴于西蜀不易攻破,且自己后方还不稳定,因而没有采取军事行动。不久,他把原驻守在长安的大将夏侯渊调来驻守汉中,自己领兵回到了中原。

汉中的地理位置对于刘备、曹操来说都是至关重要的。它是四川东北的门户,曹操占据汉中,可以使益州北方无险可守,这对占据四川不久的刘备无疑构成了极大的威胁;而汉中如果被刘备占据,那么刘备则进可以攻关中,退可以守益州。因此,刘备决心将汉中夺回到自己的手中。

公元217年,刘备亲率主力进攻汉中,留诸葛亮守成都,负责军需供应。刘备大军进攻阳平关,想攻下这一战略要地。他选精兵万余轮番攻战,始终没能得手。双方在阳平关相持一年有余。

公元219年,刘备经充分的准备与策划,决定采取行动,以改变这种长期相持的局面。他率军避开地势险要、防守严密的阳平关,南渡汉水,沿南岸山地东进,一举抢占了军事要地定军山。定军山是汉中西面的门户,地势险要,刘备占领了定军山,就打开了通向汉中的道路,并且威胁着阳平关曹军侧翼的安全。夏侯渊被迫将防守阳平关的兵力东移,与刘备争夺定军山。为防止刘备进攻和北上,曹军在汉水南岸和定军山东侧建营垒,修围寨,设鹿角(一种栅栏式的防御工事)。刘备大军夜攻曹营,欲烧南围鹿角。夏侯渊命人守东围,亲率轻骑往救南围。刘备军又急攻东围,并派黄忠率精兵埋伏在东、南围之间的险要地段。曹军兵力不支,夏侯渊又急忙率军回援东围。黄忠居高临下,以逸待劳,突然攻击行进中的夏侯渊。夏侯渊毫无防备,战败溃逃,夏侯渊本人也被黄忠斩杀,曹军退

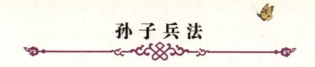

守阳平关。

夏侯渊死后，曹操得知汉中战场失利，亲率主力从长安出斜谷，迅速赶赴阳平关前线救援。这时，蜀军士气旺盛，刘备通过定军山争夺战改变了以前的被动局面，变得信心十足。他对随从的部将说："曹操即使再来，也将是无能为力了，汉中必然归我所有。"待曹军到达汉中后，刘备利用有利地形，据守险要之处而不与曹操决战。同时，刘备遣游兵扰袭曹军后方，劫其粮草，断其交通。曹军攻险不胜，求战不得，粮草缺乏，军心恐慌，兵无斗志，士卒逃亡不少。一个多月后，曹操不得不放弃汉中，全军撤回了关中。刘备如愿占据了汉中，不久，他派刘封、孟达等攻取了汉中郡东部的地区，势力得到了扩大与巩固。汉中争夺战以刘备的胜利而告结束。

孙武在《孙子兵法·军争篇》中提出，用兵作战最困难之处在于争夺制胜条件。刘备、曹操争夺汉中之战，确实证实了孙子这一观点的正确性。交战之初，曹操据汉中，扼守阳平关这一军事要地，打退刘备军队的多次进攻，使得刘备处于长期屯兵坚城要塞之下而毫无进展的被动状态之中；而后来，当刘备抢占了另一更为有利的军事要地定军山时，形势便完全发生了逆转。刘备由被动变为主动，由受制于人变为制人——能够以逸待劳，调动曹军，使曹军疲于奔命，来回奔走，以至于最后陷入了求战不得、进退两难的境地。从曹、刘两军前后所处的截然相反的地位中，可以看出争夺制胜权的重要。

刘备之所以能变被动为主动，最主要的一点是他在关键时刻能够做到"以迂为直，以患为利"。在初战不利的情况下，刘备放弃了"以硬碰硬"的作战方法，通过长途迂回，占领了另一军事要地定军山，取得了战争的主动权。此后，刘备便反客为主，调动曹军并在运动战中设伏歼灭了曹军。最后，刘备面对曹操的援军，采取以主力守险不战，以游兵扰其后方的战略，迫使曹军撤出了汉中。所以，我们可以毫不过分地说，刘备夺取汉中，是运用孙子"迂直之计"而成功的。

【四面楚歌】

公元前203年，楚汉双方和解，划鸿沟为分界，"中分天下"。

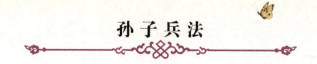

孙子兵法

同年九月，项羽领军东归。刘邦此时也想回西部去，谋臣张良、陈平劝谏道："天下三分之二已归我们所有，目前楚军粮草缺乏，士兵疲劳不堪，正是一举消灭项羽的大好时机，岂可养虎遗患？"刘邦突然醒悟：刚订和约，项羽引兵东撤，一定疏忽麻痹，的确是天赐良机。他火速传令韩信、彭越率兵出征，自己亲率大军追击楚军，合力灭楚。

但是韩信、彭越均未发兵。刘邦孤掌难鸣，虽于固陵追上项羽，却大败而归。刘邦无奈，只得采用谋士张良的计策：裂地分封，封韩信为齐王，彭越为梁王。分封的书信一到，韩、彭二人果然领兵前来会师。

公元前202年冬，汉大将刘贾渡淮河入楚地，诱降九江王，举兵重重包围寿春。韩信西进占领了彭城。项羽四面受敌，无奈转战南撤，退至垓下。刘邦大军紧追不舍，四面包围。

韩信一时也无法取胜。

楚军被困日久，粮食渐渐吃光，隆冬之际寒风刺骨，兵士饥寒交迫，人心惶惶。

这天晚上，夜深人静，突然从汉营飘来一阵楚歌，且伴有箫声，甚是凄凉哀怨："寒夜深冬兮，四野飞霜。天高水固兮，寒雁悲怆。最苦戍边兮，日夜彷徨……"

项羽听了，顿时大吃一惊，心想："汉军难道已经完全占领了楚地？他们怎会有那么多的楚人？"

楚歌仍不断地传来，楚军听得真真切切："虽有田园兮，谁与之守？邻家酒热兮，谁与之尝？白发倚门兮，望穿秋水。稚子忆念兮，泪断肝肠……"楚军将士听了，不禁潸然泪下，这悲凉凄苦的歌声使楚军将士想起了久别的故乡，想起了自己的妻儿老小……

歌声彻底动摇了项羽大军的军心，士兵们开始三三两两地逃跑，到后来竟整批整批地逃跑，连项羽的叔父项伯也要去投奔张良，眼见败局已定，谁也不愿再在这里等死。一夜之间，数万大军只剩一千多人。

项羽无计可施，心中烦闷，借酒浇愁，唱起一首悲凉的歌："力拔山兮气盖世，时不利兮骓不逝，骓不逝兮可奈何，虞兮虞兮奈若何？"

虞姬夫人悲痛万分，持剑起舞作歌，歌毕自刎，其兄大将虞子期也拔剑自刎，死在妹妹身旁。项羽率八百余骑突出重围，又于乌江边被汉军追上，他走投无路，自刎而死。

项羽中了张良的"攻心夺气"之计,那晚在汉营中高唱楚歌的并不全是楚地人。"四面楚歌"的目的,就是让楚军失去军心,士气消沉。可怜项羽一代枭雄,竟落得如此悲惨的下场!

【铁铉死守济南】

朱元璋死后,朱元璋的孙子朱允炆继承帝位,史称建文帝。1399年,皇叔朱棣起兵,自北平(今北京)南下,先后打败征虏将军耿炳文、大将军李景隆,占领了德州,大有大军南下渡江的气势。

这时候,山东参政铁铉正在向德州督运粮草,听说德州已经失守,立刻把粮草运回济南。铁铉与参军高巍商议道:"朱棣南下,目标是夺取都城应天(今南京)。济南是朱棣的必经之地,守住济南,就保卫了应天。"高巍支持铁铉守护济南,二人又得到济南守将盛庸、宋参军的支持,四人同心,一面整顿兵马,一面加固城墙,作好了守城准备。

几天后,朱棣统率大军到达济南城下。久攻不下,朱棣心生一计,决堤灌城,大水涌入济南城中,百姓惶恐不安。铁铉面对大水也心生一计,决定把朱棣诱入城中杀掉。铁铉召集城中百姓数百人,让他们带上自己的"降书",出城见朱棣。朱棣不知是计,答应了城中百姓的请求,并让他们告诉铁铉,明日进城受降。

铁铉得到消息后,在城门上方悬起一块重达千斤的铁板,命令士兵打开城门,专候朱棣的到来。第二天,到了约定的时间,朱棣见城门大开,门内外跪着一大批百姓和徒手的守城将士,就放心大胆地骑马走过吊桥,向城门走去。刚到城门前,大铁板就坠落下来,将朱棣的坐骑砸倒,朱棣则被战马掀翻在地。朱棣的卫士急忙把朱棣扶起,换了一匹战马,躲过城上飞下的乱箭,一口气跑过吊桥,返回大营。

朱棣气急败坏,发誓一定要攻下济南,活捉铁铉。此时,济南城内的粮草充足,上下齐心,朱棣一连攻打了三个月,也没有把济南城攻克。

朱棣见建文帝已派大军收复了德州,又向自己这边杀来,担心受到夹击,只好放弃济南,退回北平。

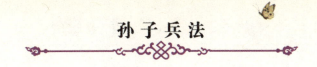

【"云南王"龙云虎口脱险】

　　解放战争后期,淮海战役的枪炮声令坐镇南京的蒋介石内心忐忑不安,而此时,被蒋介石软禁在南京中央路156号的"云南王"龙云突然失踪了。这无疑让蒋介石更加忧心如焚。

　　龙云从1928年起就担任云南省政府主席兼国民革命军第十三路军总指挥,集全省军政大权于一身。到了1948年,龙云已统治云南二十年,因此有"云南王"之称。

　　蒋介石疑心颇重,从来不信任非嫡系部队,但由于一直在内地从事反共内战,无暇顾及这位"云南王"。抗战爆发后,云南成为重要的后方基地。此后,狡猾的蒋介石以援缅作战为名,把十多个军队都调入云南,蒋龙二人的矛盾日益增大。在全国人民同仇敌忾抗日的形势下,龙云仔细权衡利弊得失,决定暗中与中共合作,并公开保护进步力量,这一下激怒了蒋介石。1945年10月3日,蒋介石暗地里派杜聿明率第五军突然开进昆明,以武力把龙云劫持到重庆,名义上任命他为军事参议院院长,实际上将他软禁起来。1946年3月,蒋介石回到南京,立刻将龙云安置在中央路156号,龙云住宅的四周有特务在严密监视;龙云外出,特务也如影随形。

　　1948年秋,蒋家王朝的统治摇摇欲坠。龙云得知蒋介石密谋逃往台湾,并且要把他也挟持到台湾去的消息时大吃一惊,便立刻筹划逃离南京。经过再三的斟酌,龙云选定了美国人陈纳德,认为只有他才可以助自己一臂之力。

　　抗日期间,陈纳德的航空公司(商业性质)与龙云有过密切往来,他们两人相处得非常融洽,龙云与陈纳德的私人关系也很好。

　　龙云派会讲英语的秘书刘宗岳暗地里去找陈纳德:"龙将军派我来看望您,想恳请将军帮忙设法弄一架飞机,让他离开南京,飞往广州。"

　　陈纳德这个美国人很讲交情,当他得知蒋介石并没有限制龙云的行动时,立即表示愿意帮忙。双方先后密谋了三次,直至12月1日才最终商定了由陈纳德提出的从南京飞往广州的全部计划。

陈纳德的计划是：他从广州带一个亲信秘书魏罗伯到上海来，魏罗伯则以公司的名义视察上海和南京两处的航空站。南京机场有陈纳德民航队的汽车，因为有特别牌照，可以免检。魏罗伯开车去接龙云（当然不能去中央路156号）上飞机，然后，飞往上海，陈纳德在上海迎候。飞机加油后，直飞广州，广州机场也有人接应。

一切准备就绪，龙云便命令手下人大办年货，杀猪宰羊，以表面的假象麻痹监视他的特务们。

12月8日，龙云在刘宗岳的护送下，登上陈纳德航空队的C-47型运输机飞离南京，平安抵达广州，当晚8时，龙云登上去香港的轮船，迅速离开了广州。

龙云抵达香港后给蒋介石写了一封长信，蒋介石看后，非常气愤，破口大骂："毛人凤这个王八蛋，这个没用的东西，怎么眼睁睁地放走了龙云！"

蒋介石很快判断出这是龙云的阴谋诡计，他一定秘密隐藏在某个地点，于是派人严密搜查，结果一无所获。

小百科/XiaoBaiKe

在欧洲古代战争中，由于要对付以方形军阵冲锋的骑兵和步兵，弓箭手往往将箭射向天空以增大射程，虽精度不高，但可以大批量杀伤敌人。中国古代使用的是用多种材料如木、竹、龟甲、骨等制成的复合反曲弓，虽尺寸较小，但拉力强劲，主要供骑兵冲锋时在马上水平发射。中国古代军阵中的弩手却常采用远程吊射的方式射击，比如南北朝时的"却月阵"，在新月形的步兵阵列后面，埋伏着多人操作的大型机弩，弩箭长达两米多，在敌军冲锋时远程吊射，可以一箭穿透两三个人，杀伤力极为强悍。

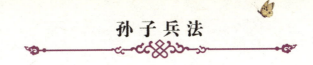

九变①篇

孙子曰：凡用兵之法，将受命于君，合军聚众，圮(pǐ)地无舍②，衢(qú)地交合③，绝地无留④，围地则谋⑤，死地⑥则战。涂有所不由⑦，军有所不击，城有所不攻，地有所不争，君命有所不受。故将通于九变之地利者，知用兵矣⑧；将不通于九变之利者，虽知地形，不能得地之利矣⑨。治兵不知九变之术，虽知五利⑩，不能得人之用矣⑪。

是故智者之虑，必杂于利害⑫，杂于利而务可信也⑬，杂于害而患可解也⑭。

是故屈诸侯者以害⑮，役诸侯者以业⑯，趋诸侯者以利⑰。

故用兵之法，无恃(shì)其不来，恃吾有以待也⑱；无恃其不攻，恃吾有所不可攻也⑲。

故将有五危：必死，可杀也；必生，可虏也⑳；忿速，可侮也㉑；廉洁，可辱也㉒；爱民，可烦也㉓。凡此五者，将之过也，用兵之灾也。覆军杀将，必以五危，不可不察也。

①九变：九，数之极，九变，多变之意。这里指在军事行动中针对外界的特殊情况，灵活动用一般原则，做到应变自如而不是墨守成规。

②圮地无舍：圮，为毁坏、倒塌之意。圮地，指难通行之地。舍，止，此处指宿营。圮地无舍即在难以通行的山林、险阻、沼泽等地不可宿营。

③衢地交合：衢，四通八达，衢地即四通八达之地。交合，指结交邻国以为后援。

④绝地无留：绝地，难以生存之地。句意为遇上绝地，不要停留。

⑤围地则谋：围地，指进退困难、易被包围之地。谋，即设定奇妙之计谋。在易于被围之地，要设奇计摆脱困难。

⑥死地：进则无路，退亦不能，非经死战则难以生存之地。

⑦涂有所不由：涂，即途、道路。由，从、通过。此句言有的道路不要通过。

⑧故将通于九变之地利者，知用兵矣：将帅如果能通晓各种地形的利弊及其处置，就懂得如何用兵作战了。通，通晓、精通。

⑨将不通于九变之利者，虽知地形，不能得地之利矣：将帅如果不通晓九变的利弊，即使了解地形，也不能从中获得帮助。

⑩五利：指"涂有所不由"至"君命有所不受"等五事之利。

⑪不能得人之用矣：指不能够充分发挥军队的战斗力。

⑫必杂于利害：必然充分考虑和兼顾到有利与有害两个方面。杂，混合、掺杂，这里有兼顾之意。

⑬杂于利而务可信也：务，任务、事务。信，同"伸"，伸张、舒展，这里有完成之意。句意为如果考虑到事物有利的一面，则可完成战斗任务。

⑭杂于害而患可解也：意谓在有利情况下考虑到不利的因素，祸患便可消除。解，化解、消除。

⑮屈诸侯者以害：指用敌国所厌恶的事情去伤害它从而使其屈服。屈，屈服、屈从，这里作动词用。诸侯，此处指敌国。

⑯役诸侯者以业：指用危险的事情去烦劳敌国而使之疲于奔命，穷于应付。业，事也，此处特指危险的事情。

⑰趋诸侯者以利：趋，奔赴、奔走，此处作使动用。句意指用小利引诱调动敌人，使之奔走无暇。（一说以利动敌，使之追随归附自己。）

⑱无恃其不来，恃吾有以待也：恃，倚仗、依赖、寄希望。意为不要寄希望于敌人不来，而要依靠自己所做的准备充分。

⑲无恃其不攻，恃吾有所不可攻也：不要寄希望于敌人不来进攻，而要依靠自己具备强大实力，使得敌人不敢来进攻。

⑳必生，可虏也：言将帅若一味贪生，则不免成为战俘。

㉑忿速，可侮也：忿，愤怒、愤懑。速，快捷、迅速，这里指急躁、偏激。此句

言将帅如果急躁易怒，又敢轻进，就有中敌人轻侮之计的危险。

㉒廉洁，可辱也：将帅如果过于洁身自好，自矜名节，就有受辱的危险。

㉓爱民，可烦也：将帅如果溺于爱民，不审度利害，不知从全局把握问题，就易为敌所乘，有被动烦劳的危险。

译文

孙子说：用兵打仗的一般法则是，将帅领受国君的命令，征集民众、组成军队。出征后遇到山林险阻、沼泽水网等难以通行的"圮地"，不可宿营；在几国交界、四通八达的"衢地"，要注意与邻国诸侯结交；在没有水草、粮食，交通困难，难以生存的"绝地"，千万不可停留；遇到四面地势险要、道路狭窄、进出困难的"围地"，要巧设计谋，出奇制胜；陷入前无进路，后有追兵，战则存，不战则亡的"死地"，要坚决奋战，殊死搏击。有的道路虽然能通过但不要通过，有的敌人能打但不要去打，有的城池能攻但不要去攻，有的地方能争但不要去争，即使是国君的命令，不适合当时情况的也不能执行。所以，将帅如果知晓在各种情况下机智应变的利弊，就真正懂得用兵了；如果不了解在各种情况下机智应变的利弊，即使是熟悉地形，也不能得到地形之利。统帅指挥军队，却不知道各种机智变通的方法，纵然了解五种地形（圮、衢、绝、围、死）的利弊，也还是不能充分发挥全军将士的战斗力。

因此，聪明的将帅考虑问题时，必定兼顾到利、害两个方面。在不利的情况下充分考虑到有利的因素，战事就可以顺利进行；在有利的情况下充分考虑到不利因素，各种可能发生的祸患便可以预先排除。

要使各诸侯国的力量得不到延伸，就要用各种手段去伤害它；要使别的诸侯国任你驱使，就要用各种它不得不做的事去烦扰它；要使别的诸侯国听你的调遣，就要用各种利益去引诱它。

所以，用兵打仗的一般原则是，不要把希望寄托在敌人不来进犯上，而要依靠自己做好充分的准备，严阵以待；不要寄希望于敌人不会发起攻击，而要依靠自己防守坚固，敌人不可攻破。

所以说，将帅有五种弱点是致命的：死拼硬打，就有可能被诱杀；贪生怕死，就有可能被俘虏；性情暴烈、急躁易怒，就有可能被敌人的侮辱激怒而中计；过

分廉洁好名,就有可能被流言中伤而落入圈套;过分溺爱民众,就有可能被烦扰而陷于被动。以上这五种情况,既是将帅的过错,也是用兵的灾难。全军覆灭,将帅被杀,都是由这五种危险导致的。对此,不能不予以充分的重视。

战例

【赵奢智救阏与城】

赵奢是赵国赵惠文王时的一位著名将领。

赵奢原本只是一个收税小吏,但他执法严厉,曾杀了平原君赵胜手下九名抗税家臣。后来,赵惠文王让他管理全国税收,他又管得井井有条,深得赵王的信任和赏识。

赵惠文王二十九年(公元前270年),秦国将领率兵包围了赵国的阏与城。赵惠文王急忙召集大臣商讨对策。廉颇、乐乘等人都说道路险远,救助困难。赵奢却说:"在远途中的险要之地行军打仗,犹如两鼠争斗于洞中,勇者胜。"赵惠文王遂命赵奢领兵去救阏与。

谁知赵奢离开邯郸后,只向西前行三十里就停了下来,还下了一道命令:"免谈军事,如有劝我急速进兵者,杀无赦!"眼见秦军在武安西侧昼夜操练人马,磨刀霍霍,士兵们都心急如焚。有个军吏实在忍耐不住,冒死来见赵奢,请求速救武安,立即被赵奢砍了头。

将近一个月,赵奢仍旧按兵不动,还昼夜不停地加固工事,构筑营垒。秦国派人到赵奢营中,赵奢用美味佳肴热情款待他,客客气气地送他走了。明知是来刺探军情,赵奢依旧不动声色。

送走秦国间谍,赵奢立即下令拔营,紧急行军一昼夜,来到阏与前线。赵奢还让善于射箭的军士迅速到距阏与五十里一带构筑营垒。

秦将做梦也没想到赵奢会有此举动,他听了秦国间谍的报告,还以为赵军驻足不前,夺取阏与指日可待,此时方知上当,气急败坏地率领全部人马匆匆忙忙地也赶到那里。

这时，又有一个叫许历的军士冒死来见赵奢，他说宁愿受腰斩之刑，也要和赵奢谈谈作战问题。这次，赵奢却说："那个命令是在离开邯郸之时，为迷惑秦军下的，现在已经过时了，你尽管大胆地讲吧！"

许历说道："要马上占领阏与北山，先上山者胜，后上山者败。"赵奢认为说得有理，立即派一万精兵火速抢占北山。

赵军刚刚登上山顶，秦军也已来到山下，他们蜂拥而上，山上赵军箭如雨下，秦军几次冲锋，无法得逞。

最后，赵军向秦军发起猛烈的攻击，将秦军杀得片甲不留，仓皇而逃。

【东胡王贪利国破身亡】

公元前209年，匈奴冒顿射杀生身之父头曼单于，自立为单于。邻国东胡觉得冒顿杀父篡位，不得人心，可以乘机敲诈冒顿一番，于是东胡王派了一个使者，趾高气扬地来到冒顿营中，向冒顿索要头曼单于的千里马。

冒顿虽然年纪不大，却十分有心计，他知道自己刚刚夺得单于大权，还无法与东胡王抗衡，于是召集群臣，商议此事。大臣都说："头曼单于的马是我们的宝物，谁也不能给！"

冒顿却说："我们是邻国，怎能因为一匹马伤了和气？"于是，将马送给东胡使者。东胡使者牵着马，十分得意地走了。

没过多久，东胡使者又来了，这次是索要冒顿宠爱的妃子。

冒顿又召集群臣商议。群臣大骂东胡王，请求冒顿出兵讨伐。

"为了一个女子而得罪邻国，没那个必要。"冒顿又把自己的宠妃送给了东胡王。

东胡王见冒顿要什么给什么，以为冒顿好欺负，于是得寸进尺，第三次派使者来到匈奴，向冒顿索要匈奴的一片土地。这片土地在两国之间，无人居住，足有一千里。

"那是一块废弃的土地，无所谓。"有的大臣说。

冒顿说："土地是国家的命根子，怎能轻易送给他人。"当即命人把东胡使者

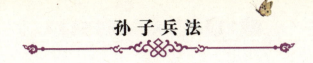

绑起来,还把那些打算把土地让给东胡的大臣一齐杀掉,率领举国之兵,杀奔东胡。

东胡王认为冒顿软弱无能,要什么给什么,因此对匈奴毫无防范。冒顿率大军杀来,东胡王仓促应战,哪里能抵挡住冒顿大军,东胡军队一败涂地。冒顿率兵穷追猛打,杀了东胡王,雪了"夺宝马夺宠妃"的耻辱,还把大批东胡百姓和众多的牲畜掠夺回国。

【杨玄感怒而失谋】

公元612年,隋炀帝大举进兵高丽,大败而归。隋炀帝不但不吸取教训,又开始征招人马,准备再次远征高丽。

隋炀帝连年征战,弄得人心惶惶,他的一意孤行引起天下百姓的怨恨。督运粮草的礼部尚书杨玄感平时就对隋炀帝产生了极度的不满,于是趁机起兵造反,挥师直取东都洛阳。杨玄感的队伍迅速扩大到十万余人,但在西部的代王杨侑听说东部有危机,连忙发兵四万前去救援;远征高丽的隋炀帝得知杨玄感造反也急忙回师驰援;屯兵东莱准备渡海进攻高丽的隋将来护儿也率兵支援洛阳。

杨玄感急召好友李密和大将李子雄商议道:"东都援军越来越多,我军处境十分严峻,二位有何高见?"

李密和李子雄建议说:"洛阳城守兵多,一时攻打不下,如果我们直取潼关,进入关中,开永丰仓赈济百姓,赢得民心,老百姓一定会大力拥护我们,我们便可以以关中为落脚之地,再伺机东向,争夺天下。"

杨玄感认为二人说得很有理,便立即撤去洛阳之围,率大军向潼关飞速前进。

弘农是杨玄感大军取潼关的必经之路。弘农太守杨智积对属下说:"杨玄感被迫放弃洛阳是因为我方大量援军即将赶到。如果让他进入关中,以后的胜败就很难预料了,我们应该把他们围困在这里,待援军来到,一举歼灭他们!"

杨玄感率大军经过弘农时,准备绕城而过,突然,杨智积高高站立在城头,

对着杨玄感破口大骂,语言污秽,不堪入耳。杨玄感备感羞辱,勃然大怒,立即命令大军停止前进,将弘农城团团包围起来。

李密苦苦相劝:"追兵就在身后,不便在此城久留,小不忍则乱大谋,将军当三思而行!"

杨玄感道:"量一小小城池,能奈我何?我要捉住杨智积,将他千刀万剐,以泄我心头之恨!"

杨玄感下令攻城。不料,杨智积早有防备,任凭杨玄感怎么进攻,弘农城就是岿然不动。三天三夜过去了,城未攻克,探马向杨玄感飞报:"追兵已经接近弘农!"杨玄感大吃一惊,这才慌忙撤去包围,向潼关进军。

但是,一切都为时已晚。隋炀帝的大军在潼关外追上了杨玄感。杨玄感屡战屡败,在逃往上洛的途中,连战马也倒毙了,最后只剩下他和兄弟杨积善两个人。杨玄感悔恨不已,对兄弟说:"我因一念之差,不能采纳忠言,兵败至此,再无脸面见人。请求速死。你成全我吧!"

杨积善万分痛苦,拔剑杀死了哥哥,随后自刎而死。

【朱元璋巧施诈降计】

陈友谅于元顺帝至正二十年(1360年)攻占采石矶和太平,自立为帝,国号为汉。他一直视朱元璋为心腹大患,于是率领"混江龙"、"撞倒山"等巨舰直逼应天,欲将朱元璋除掉。

大兵压境,朱元璋的部下将士都有些心惊胆战,因为陈友谅的水军是朱元璋部的十倍,又非常善于水上作战,有些人竟主张撤退或投降。朱元璋听取了刘基的建议,决定诱敌深入,打伏击战。

朱元璋特意召来康茂才,让他写一封诈降信给陈友谅。康茂才本是元朝降将,又是陈友谅的故友,朱元璋认为他是诈降的合适人选。

康茂才欣然答应,并愤怒地说:"陈友谅是个阴险小人,他不讲信义,杀了我的同乡好友徐寿辉,我正要找他报仇呢……"于是修书一封,信上说:"建议兵分三路进攻应天,茂才把守应天城外江东桥,甘心为你做内应,打开城门,直捣帅

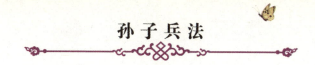

府,活捉朱元璋……"康茂才派一名陈友谅熟识的老仆去,临行之际,康茂才再三叮嘱,以防他露出破绽。

陈友谅读了康茂才的信,心中不免高兴起来,他想,自己大军一路势如破竹,如此勇猛威武,谅康茂才也不敢诈降。但他还是反复盘问老仆,老仆应对如流,言辞极为恳切,陈友谅深信不疑。他当即对老仆说:"我马上兵分三路取应天,到时以'老康'为暗号,但不知茂才所守之桥是木桥还是石桥。""是座木桥。"老仆答道。

送走老仆人的第二天,陈友谅水陆并进。他亲率数百艘战船顺江而下,前哨到大胜港时,遭朱元璋手下将领阻击,无法登岸,又见新河航道狭窄,于是下令直奔江东桥,以便和康茂才里应外合。船到江东桥,陈友谅一见是座石桥,心中不免起疑。原来,朱元璋为了防备康茂才的假投降变成真投降,已于当天夜里把木桥改造成石桥了。陈友谅急命部下高喊"老康",喊了多时,竟无人答应,心中大惊,方知中计,急忙令陈友仁率水军大举冲向龙湾,几百艘战船聚集于龙湾水面。陈友谅下令一万精兵登陆修筑工事,企图水陆并进,强攻应天城。

此时,只见卢龙山顶上黄旗挥动,战鼓齐鸣,朱元璋的大将徐达、常遇春率军分别从左右杀来,修筑工事的一万精兵顿时被杀得人仰马翻,方寸大乱。尽管陈友谅大声呼喝,仍然遏制不住兵败如山倒的局势,败军逃到江边,蜂拥登船。陈友谅急令开船,哪料此时正当退潮之际,近百条战船全部搁浅,徐达与常遇春趁机上船追杀,陈友谅溃不成军,只好跳进小船狼狈逃跑了。

朱元璋以弱胜强,巧施诈降之计,取得了最后的胜利。

【韦维尔将军开创"特种战争"】

1940年7月,意大利独裁者墨索里尼向英国宣战,企图掐住英国在非洲的咽喉。当时墨索里尼在非洲总兵力有四十余万,而英国的韦维尔将军只有三万六千人和几支小股部队,相差极为悬殊。而在这种情况下,意大利鲁道夫·格拉齐亚尼元帅又大举进兵埃及,英军无奈之下只得后撤,形势对英军十分不利。

形势异常严峻。韦维尔将军深知硬拼只能是死路一条,只有以智取胜。经过苦思冥想,韦维尔将军决定"组建"一支"强大"的"部队"来恫吓意军——他连忙

命令从伦敦统帅部派来的克拉克准将制造了数百辆橡皮坦克、数百门橡皮野炮和一辆橡皮载重卡车，这些坦克、野炮、卡车在打足气后与实物同样大小，放掉气后，则能够装入板球袋内、饼干盒内，和弹药箱一般大小。克拉克还命令工程兵修建了假公路和制造了坦克履带痕迹，接着又让阿拉伯人骑着骆驼和马，后面拖着耙形装置，掀起漫天灰尘。当意大利的侦察机在侦察时，一阵阵猛烈的高射炮火逼得侦察机不敢低飞，结果，当格拉齐亚尼元帅仔细观察冲洗出来的照片后，他惊恐地发现：在他的右翼，英军的坦克和大炮要比自己强大得多！

格拉齐亚尼心里有些害怕，不敢轻举妄动。同时，由于得到英军增援部队正在途中的情报，格拉齐亚尼害怕侧翼被英军切断，便命令部队沿亚历山大公路挖筑战壕防守，停止向英军进攻。

墨索里尼对格拉齐亚尼的行为滞缓深感不满，三番五次下令逼他进军，甚至扬言要撤换他，但格拉齐亚尼心怀畏惧，就是按兵不动。

韦维尔将军的迷惑战术赢得了宝贵的时间，当英国增援部队赶来后，韦维尔将军立即向格拉齐亚尼的意军发起猛烈攻击，长驱六百五十英里进入利比亚。到1941年2月7日时，韦维尔将军以死五百人、受伤一千四百人、失踪五十五人的代价，俘获意军十三万人及四百辆坦克、一千二百九十门大炮。

韦维尔将军开创的欺诈战术，为英军掌握了战争的主动权，在战场上起到了极其重要的作用，英国首相丘吉尔称这种战争为"特种战争"。同时我们也对韦维尔将军敏锐的洞察力和聪明才智深感佩服。

【隆美尔兵败阿拉姆哈勒法山】

隆美尔获得"沙漠之狐"的美称后，在非洲又取得了一系列的传奇般的胜利，因此便得意忘形起来。

1942年8月，英军第八集团司令官在北非阵亡，隆美尔因此更加趾高气扬起来。就在这时候，英国著名将领蒙哥马利风尘仆仆地从英国飞往非洲，接任了第八集团军司令的职务。蒙哥马利受命于危难之际，备感责任重大，他认识到："应该打一场大胜仗，而且必须打一场大胜仗！也只有这样，才能恢复全体官兵对高级指挥官的信心。"因此,蒙哥马利在反复权衡了敌我的形势后,精心地为"沙漠之狐"隆美尔设计了一个陷阱。蒙哥马利把自己的4个装甲旅悄悄地隐蔽在阿拉姆哈勒法山山脊的南、西和正面,诱使隆美尔主动出击,而此时此刻,隆美尔不论向哪一个方向进攻,都将被蒙哥马利围困住,对隆美尔进行"地毯式"轰炸。

隆美尔早被胜利的喜悦冲昏了头脑,根本没有把蒙哥马利放在眼里,他一意孤行,一味命令德军:"进攻,进攻,还是进攻!"于是,气势汹汹的德军一头撞入蒙哥马利为他们精心布置的圈套中。

隆美尔的坦克一辆接一辆地被摧毁,部队遭受重大伤亡。但是,隆美尔不愧是只狡猾的"沙漠之狐",当他发现中了埋伏后,立即集中力量,实施重点攻击,并成功地将蒙哥马利的防御阵地打开了一个大缺口。但他做梦也不会想到,英国请来了炮兵的"紧急支援",成千上万发炮弹雨点般地落了下来,隆美尔的坦克再次遭到重创,进攻被彻底拦截住,隆美尔不得不退出战斗。

隆美尔吃了败仗。蒙哥马利的狠狠一击,浇灭了他嚣张的气焰,也为英国皇家第八集团军找回了自己的"士气",使得军威大振。

【唐纳尔逊堡大战】

唐纳尔逊堡大战发生于美国独立战争期间,是一场决定性的战役,这场战役彻底扭转了北方军的颓势。当时指挥北军作战的是尤利塞斯·格兰特将军。

1861年8月,林肯晋升格兰特为准将,派他前往伊利诺伊州作战。格兰特驻扎在俄亥俄河和密西西比河汇合处的凯罗。这是一个十分重要的地方,往北五十英里,就是田纳西河与坎伯兰河。在这两条河上,筑有南方军的两处重要据点——亨利堡和唐纳尔逊堡。南方军控制了这两处要塞,北方军就休想向南方进攻。但是只要占领这两处,北方军就能顺流而下,直捣南方中心,还能攻击南方军两翼,让他们应接不暇。格兰特看到了这两地的重要性,于是就率领运输船和炮艇,从1862年2月7日开始,首先进攻亨利堡。

占领亨利堡以后,格兰特就集中精力对付唐纳尔逊堡。在坎伯兰河左岸距离不到十五英里的唐纳尔逊堡防守异常坚固。南方军在这儿已经修建了好几年

的工事,到处都能见到纵横交错的战壕,防御非常完善。而且此处驻有南方军艾伯特·西德尼·约翰斯顿将军率领的一万五千名士兵。格兰特在分析了敌人的特点以后,开始排兵布阵:他在陆地一侧布置了陆军,对唐纳尔逊堡形成半圆形包围圈,而炮艇则一路沿田纳西河顺流而下,另一路则从坎伯兰河逆流而上,想以三路合围的态势,击败约翰斯顿,占领唐纳尔逊堡。

2月13日,攻击开始。北方军英勇向前,推进到了距离要塞不到一百米的地方,却遭到了要塞守军的顽强抵抗。一时间,枪炮齐鸣,顿时见到北方军中浓烟滚滚,一个个北方军士兵中弹倒地身亡,攻击失败了!格兰特见状,立刻撤下部队,他认识到,只有靠围困才能减少伤亡,迫使敌人投降。守军也发现了可乘的机会,就派兵绕道准备偷袭北方军后翼。双方在要塞附近的一片密林遭遇,一场激战瞬时爆发。后翼遭到偷袭的格兰特见自己的中军开始动摇,左翼也摇摇欲坠,决定暂时收缩兵力,集中兵力进攻唐纳尔逊堡。但是格兰特在审讯俘虏后得知,南方军的粮食已经不多了,南方军早就做好了撤退的准备。于是他立刻调整战略部署,命令将南方军士兵赶回战场就算完成任务。坚守要塞几个星期的约翰斯顿没有办法,只好带领少量残兵突围跑了出去。

占领唐纳尔逊堡之后,格兰特不给南方军喘息的机会,立刻派兵攻占了纳什维尔。那里有南方军最重要的火药厂和军械厂。紧接着又收复了田纳西州。从查塔努加直到密西西比的广大地区的大门已经向北方军敞开了。但是最重要的是,一场胜利扭转了自开战以来北方军的不利形势,北方军取得了首场胜利,军队的士气大大提高。

小百科 / XiaoBaiKe

目前在实战中世界上公认的最远狙杀记录是由 TAC-50 狙击步枪创造的。该枪在实战中一战成名,2002 年一名加拿大狙击手利用 TAC-50 在两千四百三十米远的距离射杀了一名塔利班分子。TAC-50 采用手动旋转后拉式枪机系统,装有比赛级浮置枪管,枪管表面刻有线坑以减低重量,枪口装有高效能制退器以缓冲点 5BMG 的强大后座力。该枪由可装五发的分离式弹仓供弹,采用麦克米兰玻璃纤维强化塑胶枪托,枪托前端装有两脚架、尾部装有特制橡胶缓冲垫,整个枪托尾部可以拆下以方便携带。

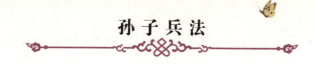

《行军篇》

原文

　　孙子曰：凡处军、相敌，绝山依谷，视生处高①，战隆无登②，此处山之军也。绝水必远水③；客④绝水而来，勿迎之于水内，令半济而击之⑤，利；欲战者，无附于水而迎客⑥；视生处高，无迎水流⑦，此处水上之军也。绝斥泽⑧，惟亟(jí)去无留⑨；若交军于斥泽之中，必依水草而背众树，此处斥泽之军也。平陆处易而右背高，前死后生，此处平陆之军也。凡此四军之利，黄帝之所以胜四帝也⑩。

　　凡军好高而恶下⑪，贵阳而贱阴⑫，养生而处实⑬，军无百疾，是谓必胜。丘陵堤防，必处其阳而右背之⑭，此兵之利，地之助也⑮。上雨，水沫至，欲涉者，待其定也⑯。凡地有绝涧⑰、天井⑱、天牢⑲、天罗⑳、天陷㉑、天隙㉒，必亟去之，勿近也。吾远之，敌近之；吾迎之，敌背之。军行有险阻㉓、潢(huáng)井㉔、葭苇㉕、山林翳荟者，必谨复索之㉖，此伏奸之所处也㉗。

　　敌近而静者，恃其险也；远而挑战者，欲人之进也；其所居易者，利也㉘；众树动者，来也；众草多障者，疑也㉙；鸟起者，伏也；兽骇者，覆也㉚；尘高而锐者，车来也㉛；卑而广者，徒来也㉜；散而条达者，樵采也㉝；少而往来者，营军也㉞；辞卑而益备者，进也㉟；辞强而进驱者，退也㊱；轻车先出居其侧者，陈也㊲；无约而请和者，谋也㊳；奔走而陈兵者，期也㊴；半进半退者，诱也。杖而立者，饥也；汲而先饮者，渴也；见利而不进者，劳也。鸟集者，虚也；夜呼者，恐也；军扰者，将不重也；旌旗动者，乱也；吏怒者，倦也；粟马肉食㊵，军无悬瓿㊶(fǒu)，不返其舍者，穷寇也。谆(zhūn)谆翕(xī)翕㊷，徐与人言者㊸，失众也；数赏者，窘也㊹；数罚者，困也㊺；先暴而后畏其众者㊻，不精之至也；来委谢者，欲休息也。兵怒而相迎，久而不舍，又不相去，必谨察之。

　　兵非益多也㊼，惟无武进㊽，足以并力、料敌、取人而已㊾；夫惟无虑而易

敌^⑤者,必擒于人。

卒未亲附而罚之则不服^⑤,不服则难用也;卒已亲附而罚不行,则不可用也。故令之以文,齐之以武^⑤,是谓必取。令素行以教其民^⑤,则民服;令素不行以教其民,则民不服。令素行者,与众相得也^⑤。

注释

①视生处高:视,看、审察,这里是面向的意思。生,生处、生地,此处指向阳地带。处高,即居高之意。视生处高,指面朝阳,居隆高之地。

②战隆无登:隆,高地。登,攀登。言在隆高之地与敌作战,不宜自下而上仰攻。

③绝水必远水:意谓横渡江河,一定要在离江河稍远处驻扎。

④客:指敌军,下同。

⑤勿迎之于水内,令半济而击之:迎,迎击。水内,水边。济,渡。半济,指渡过一半。此句谓不要在敌军刚到水边时迎击,而要在敌军渡到一半时发动攻击。此时敌军首尾不接,队列混乱,攻之容易取胜。

⑥无附于水而迎客:不要在挨近江河之处同敌人作战。无,勿。附,靠近。

⑦无迎水流:即勿居下游。此指不要把军队驻扎在江河下游处,以防敌人决水、投毒。

⑧绝斥泽:斥,盐碱地。泽,沼泽地。绝斥泽即通过盐碱沼泽地带。

⑨惟亟去无留:惟,宜、应该。亟,急、迅速。去,离开。意谓遇到盐碱沼泽地带,应当迅速离开,切莫停留驻军。

⑩黄帝之所以胜四帝也:这就是黄帝所以能战胜四方部族首领的缘由。黄帝是传说中的汉族祖先,部落联盟首领。传说他曾败炎帝于阪泉,诛蚩尤于涿鹿,北逐獯鬻(荤粥),统一了黄河流域。四帝,四方之帝,即周边部族联盟的首领,一般泛指炎帝、蚩尤等人。

⑪好高而恶下:即喜欢高处而讨厌低处。好,喜欢。恶,讨厌。

⑫贵阳而贱阴:贵,重视。阳,向阳干燥的地方。贱,轻视。阴,背阴潮湿的地方。句意为看重向阳之处而卑视阴湿地带。

⑬养生而处实：指军队要选择水草和粮食充足、物资供给方便的地域驻扎。养生，指水草丰盛、粮食充足，能使人马得以休养生息。处实，指军需物资供应便利。

⑭必处其阳而右背之：指置军于向阳之地并使其主要侧翼背靠高地。

⑮地之助：意谓得自地形的辅助。

⑯上雨，水沫至，欲涉者，待其定也：上，指上游。沫，水上草木碎末。涉，原意为徒步趟水，这里泛指渡水。定，指水势平稳。

⑰绝涧：指两岸峭峻、水流其间的险恶地形。

⑱天井：指四周高峻、中间低洼的地形。

⑲天牢：牢，牢狱。天牢是对山险环绕、易进难出的地形的形象描述。

⑳天罗：罗，罗网。指荆棘丛生，军队进入后如陷入罗网无法摆脱的地形。

㉑天陷：陷，陷阱。指地势低洼、泥泞易陷的地带。

㉒天隙：隙，狭隙。指两山之间狭窄难行的谷地。

㉓军行有险阻：险阻，险山大川阻绝之地。

㉔潢井：潢（黄），积水池。井，指内涝积水、洼陷之地。潢井即积水低洼之地。

㉕葭苇：芦苇，这里泛指水草丛聚之地。

㉖必谨复索之：一定要仔细、反复地进行搜索。谨，谨慎。复，反复。索，搜索、寻找。

㉗此伏奸之所处也：指"险阻"、"潢井"等处往往是敌人之伏兵或奸细的藏身之处。

㉘其所居易者，利也：敌军在平地上驻扎，是因为有利（进退便利）才这样做。易，平易，指平地。

㉙众草多障者，疑也：在杂草丛生之处设下许多障碍，是企图使我方迷惑。疑，使迷惑，使困惑之意。

㉚兽骇者，覆也：野兽受惊奔跑，这是敌军大举袭来。骇，惊骇、受惊。覆，倾覆、覆没之意，引申为铺天盖地而来。

㉛尘高而锐者，车来也：尘土高扬笔直上升，这是敌人兵车驰来。锐，锐

直、笔直。车,兵车。

㉜卑而广者,徒来也:尘土低而宽广,这是敌人的步兵开来。卑,低下。广,宽广。徒,步兵。

㉝散而条达者,樵采也:尘土散漫而有致,时断时续,这是敌人在砍薪伐柴。条达,指飞扬的尘土分散而有致。

㉞少而往来者,营军也:尘土稀少而此起彼落,是敌军在察看地形,准备安营扎寨。

㉟辞卑而益备者,进也:敌人措辞谦卑恭顺,同时又加强战略,这表明敌人准备进犯。卑,卑谦、恭敬。益,增加、更加之意。

㊱辞强而进驱者,退也:敌人措辞强硬,在行动上又示以驰驱进逼之姿态,这是其准备后撤。

㊲轻车先出居其侧者,陈也:轻车,战车。句意为战车先摆在侧翼,是在布列阵势。

㊳无约而请和者,谋也:敌人还没有陷入困境却主动前来请和,其中必有阴谋。约,困屈、受制之意。

㊴奔走而陈兵者,期也:敌人急速奔走、摆开兵车阵势的,是准备与我作战。期,期求。

㊵粟马肉食:粟,粮谷,这里作动词用,意为喂马。粟马肉食,拿粮食喂马,杀牲口食肉。

㊶悬甀:甀,汲水用的罐子,泛指炊具。此句言敌军已收拾起了炊具。

㊷谆谆翕翕:恳切和顺的样子。

㊸徐与人言者:意谓语调和缓地同士卒商谈。徐,徐缓温和的样子。人,此处指士卒。

㊹数赏者,窘也:敌军一再犒赏士卒,说明其处境窘迫。数,多次、反复。窘,窘迫、困窘。

㊺数罚者,困也:敌军一再处罚士卒,表明其已经陷入困境。

㊻先暴而后畏其众者:指将帅开始对士卒粗暴,继而又惧怕士卒者。

㊼兵非益多也:兵员并不是越多越好。益,更加。益多,即很多。

㊽惟无武进:意为只是不要恃武冒进。惟,独,只是。武进,恃勇轻进。

㊾足以并力、料敌、取人而已：指能做到集中兵力、正确判断敌情、争取人心则足矣。并力，集中兵力。料敌，观察判断敌情。取人，争取人心、善于用人。

㊿无虑而易敌：没有深谋远虑而无端蔑视对手。易，轻视、蔑视。

51卒未亲附而罚之，则不服：在士卒还未亲近依附之前就施用刑罚，士卒就会怨愤不服。

52故令之以文，齐之以武：令，教育。文，指政治道义。齐，整饬、规范。武，指军纪军法。此句的意思是用政治、道义来教育士卒，用军纪军法来统一、整饬部队。

53令素行以教其民：令，法令、规章。素，平常、平时。行，实行、执行。民，这里主要指士卒、军队。

54令素行者，与众相得也：意谓军纪军令平素能够顺利得以执行的，是因为军队统帅同兵卒之间相处融洽。得，亲和。相得，指关系融洽。

译文

孙子说，军队在行军、扎营、作战和观察、判断敌情时，必须注意：通过山地，要沿着有水草的山谷行进；要在居高向阳、视野开阔的地方驻扎；不要去仰攻占领了高地的敌人。这是在山地部署军队的原则。横渡江河后，要在远离江河处驻扎；敌人渡河来战，不要在敌人刚入水时就去迎击，而是在敌军渡过一半时再去进攻，最为有利；想要同敌人决战，就不能紧靠水边列阵布兵；应当居高向阳，不要处于敌人的下游。这是在江河地带部署军队的原则。通过盐碱沼泽地带，要迅速离开，不可停留；如果与敌人遭遇于盐碱沼泽地带，那就必须靠近水草，背靠树林。这是在盐碱沼泽地带部署军队的原则。在平原上，要占领开阔的地域，主要侧翼要依托高地，做到面向平坦，背靠山险，前低后高。这是在平原地区部署军队的原则。以上这四种部署军队的原则的成功运用，正是黄帝之所以能战胜其他"四帝"的原因。

一般情况下，驻军总是喜欢干燥的高地，厌恶(避开)潮湿的洼地；重视向阳之处，轻视阴暗之处；靠近水草丰茂、军需给养充足的地方，将士们百病不染，这样就有了胜利的保证。在丘陵堤防地带,必须占据它向阳的一面,而以主力侧翼背靠着它。这些对于用兵有利的措施,都是以地形条件为基础的。上游降雨,洪水突至,若要涉水过河,应等水流平稳之后再过。凡是遇到绝涧、天井、天牢、天罗、天陷、天隙这样的地形,必须迅速离开,不要靠近;在自己远离这些地形时,让敌人靠近它;使自己面向这些地形,而让敌人背靠它。军队行军和驻扎的附近有险峻的道路、湖泊沼泽、芦苇、山林和草木茂盛的地形,必须谨慎地反复搜索,这些都是敌人可能设下埋伏和隐藏奸细的地方。

敌人逼近而保持安静的,是倚仗自己占领着险要地形;敌人离我们很远而前来挑战的,是想引诱我军前进;敌人有意驻扎在平坦地带,其中必定有利可图;许多树木摇曳摆动,这是敌人前来袭击;草丛中有许多遮障物,是敌人布下的疑阵;群鸟惊飞,是下面有伏兵;野兽惊骇逃跑,是敌人大举进袭;尘土飞扬得又高又尖,是敌人的战车来了;尘土飞扬得低而宽广,是敌人的步兵来了;尘土稀散、缕缕上升,是敌人正在砍柴;尘土较少且时起时落,是敌人正在安营扎寨。敌人的使者措辞谦卑却在暗中加紧战备的,是准备进攻;措辞强硬且军队作出进攻姿态的,是准备撤退;敌人的战车先出动且部署在两翼的,是在布兵列阵;敌人尚未受挫而主动来讲和的,必定另有阴谋;急速奔跑并排兵列阵,是期待与我决战;半进半退的,是企图引诱我军。敌兵倚靠兵器站立,是饥饿的表现;打水的敌兵,自己先喝,是干渴的表现;眼见有利可图,但不进攻争夺的,是疲劳的表现;营寨上空飞鸟云集,说明下面是空营;敌人夜间惊慌喊叫,是内心恐惧的征兆;敌营惊扰纷乱,是敌将没有威严的表现;敌阵旗帜摇动不整齐,是因为队伍已经混乱;军官容易发怒,是全军疲劳的征兆;杀马吃肉的,是军中没有粮食了;收拾炊具,士卒不再返回营房的,是准备拼死突围的表现。敌将忍气吞声同部下讲话,表明他已失去了人心;不断犒赏士卒,表明敌军已是穷途末路;不断惩罚部属,是敌军处境困难的表现;原先对部下粗暴凶狠,后来又害怕部下的,是最不精明的将领;敌人派使者来送礼言好,表明想休兵息战;气势汹汹地同我对阵,长时间不与我交锋而又不撤退的敌人,必须谨慎地观察了解对方的意图。

兵力并非愈多愈好,只要不轻敌武断冒进,能够集中兵力,判明敌情,取得部下的信任和支持,也就足够了。那种既没有深谋远虑,又自负轻敌的人,一定会被敌人所俘虏。

士卒还没有亲近归附就施行惩罚,他们就会不服,心不服就很难指挥他们

行动;士卒已经亲近归附了,却不执行军法军纪,也无法指挥他们行动。所以,用怀柔宽仁的手段去教育士卒,用严格的军纪军法去管束规范士卒,这样必定会获得部下的敬畏和拥戴。平时管教士卒严格执行命令,士卒就能养成服从命令的习惯;平素不重视严格执行命令和管教士卒,士卒就养不成服从的习惯。平时的命令能得到贯彻执行,这表明将帅与兵卒之间相处融洽,互相信任。

战例

【郤至善察败楚军】

公元前575年,晋厉公联合齐、宋、鲁、卫四国攻打郑国。郑国马上向盟友楚国请求增援,双方的军队在鄢陵相遇。

当时,楚、郑联军共有兵车五百三十乘,将士九万三千余人;晋军先一步到达鄢陵,有兵车五百乘,将士五万余人,而宋、齐、鲁、卫的军队还未赶到鄢陵。楚共王见诸侯各军未到,就想乘机击溃晋军,于是他命令大军在晋军大营附近列阵。

晋厉公率众将登上高地观察楚军列阵情况,以便确定决战计划。晋将大都惧怕楚、郑联军的兵力优势,主张坚守不战,以等待盟军的到来。晋军中军主将栾书在仔细观察敌阵后,发现楚、郑联军士气不佳,认为几天之后,楚、郑联军必然疲乏,因此也主张等待友军到来后再出战。唯有新军副将郤至在观察了敌阵之后发表了主战的意见。郤至说:"据我的观察和了解,敌军有六个致命的弱点,若立即发动进攻,一定能击败对方。第一,楚军人数不少,但老兵居多,这些老兵行动迟缓,根本没有什么战斗力;第二,郑国的军队一团糟,到现在还没有列成有规模的阵势,这说明他们缺乏训练,不堪一击;第三,两军都在喧闹不止,秩序大乱,没有一点儿临战的紧张气氛;第四,据我所知,不但楚、郑两军协调不好,就是楚军内部,中军和左军也有隔阂……"

郤至说得有理有据,晋厉公和众将都赞同郤至的建议:立即发动进攻。

将军苗贲皇原来是楚国人,对楚军的情况很了解,他乘机献计道:"楚军的

精锐全在中军,只要能击败它的左、右两军,再合力攻打中军,楚军必败。"

晋厉公接受了苗贲皇的建议,命令晋军首先向楚右军和郑军发起猛烈进攻。战斗开始后,晋厉公的战车突然陷入泥沼中,进退不得,楚共王在远处看到,亲自率领一支人马一路杀奔而来,企图活捉晋厉公。谁知,"螳螂捕蝉,黄雀在后",晋将早已发现楚共王的企图,一箭射去,正中楚共王的左眼。楚军见楚共王负伤,军心动摇。而此时,晋厉公的战车从泥沼中挣脱出来,晋厉公便指挥晋军冲杀过去,楚军以为诸侯四国的军队已经赶到,阵势大乱,纷纷后撤,一直退到颍水南岸方才停止,并于当夜班师回国了。

晋军以少胜多,论功行赏,郤至立了首功。晋厉公奖赏众将士,痛饮三天,大胜而归。

【东、西魏沙苑、渭曲之战】

东晋时期,刘裕北伐灭南燕、后秦之后,于公元 420 年六月迫晋恭帝让位,自立为帝,国号为宋,史称刘宋。刘宋政权占领了中国黄河以南的大部分地区,而北方则被鲜卑族拓跋氏建立的北魏政权所占领,形成南北对立的两个政权。尔后,刘宋经历了齐、梁、陈等朝代的更迭;北魏则分裂为东、西魏,后变为北齐、北周。沙苑、渭曲之战即发生在北魏分裂后的东、西魏之间。

公元 534 年,统一了我国北方的北魏分裂为东魏和西魏两个政权。西魏建都长安,政权为丞相宇文泰所把持。东魏都邺,政权为丞相高欢所把持。双方政权为吞并对方,进行过多次的战争。发生于公元 537 年的沙苑、渭曲之战只是其中的一次。在这次战争中,东魏出动二十万大军进攻西魏,西魏军则以七千轻骑迎战。由于西魏军统帅宇文泰在处军相敌方面高出东魏高欢一筹,因而西魏军能够以弱胜强,赢得了这场战争的胜利。

公元 534 年,东魏依仗地广人多,军事上占有相对的优势,便出动军队企图占领西魏重要关口潼关,但被西魏击退。此后,东魏两次出军攻战潼关未成。宇文泰对于高欢多次袭击西魏要地愤愤不平,便于公元 537 年八月率军东进,攻占了东魏的军事要地恒农(今河南三门峡市西)。没过多久,东魏高欢就命大将高敖曹领兵三万,由洛阳向西反攻恒农;同时自率主力二十万,由太原、临汾南下,从蒲坂(今山西永济西)西渡黄河,进袭关中,从而拉开了沙苑、渭曲之战的序幕。

从高欢行动的趋向看,他是想分二路向长安方向推进。一路由高敖曹军从洛阳出发打恒农,夺回恒农后向潼关、渭南方向推进;另一路由高欢亲自带领,从蒲坂西渡黄河,占领军事要道华州,然后向前推进,争取与高敖曹军会合。

西魏宇文泰得知高欢西进的消息,决定尽全力阻止敌军西进。他一面命大将王熊坚守华州,阻止魏军西进;一面派人到各地征调兵马,并从恒农抽调出近万人回救关中。东魏高敖曹趁势包围了恒农;高欢军渡过黄河后,即攻华州。然而华州城坚难攻,于是高欢命军队在距华州北三十余里的许原屯驻。

宇文泰军回到渭南后,便欲进击高欢。部将们认为,各地征调的兵马还未赶到,敌我兵力悬殊较大,还是暂不迎战为好。宇文泰坚持己见。他解释说:现在东魏军远道而来,首攻华州不下,便屯兵许原观望,说明他们军队人数虽多,但没战斗力,也没有苦战克敌的精神,我们趁其立足未稳,地理不熟,趁机迎击。如果让其占稳脚跟,继续西进,逼近长安,那就会动摇人心,形势对西魏将更为不利。宇文泰的解释打消了部将的疑虑。西魏军抓紧作好北渡渭水的准备。

九月底,西魏军在渭水上搭好浮桥。宇文泰亲率轻骑七千,携带三天的粮秣,北渡渭水。十月一日,宇文泰军进至距东魏军六十里处的沙苑(今陕西大荔南)驻扎下来。

宇文泰率军在沙苑扎营后,立即派人化装成许原一带的居民,潜入东魏兵营附近活动,侦察高欢军队的情况。经过侦察,宇文泰证实了自己的判断。在人数对比上,宇文泰认识到敌军确实强于自己,但东魏军战斗力不强,而且骄傲轻敌。这时,宇文泰部将李弼建议利用十里渭曲(渭河弯曲部分)沙丘起伏、沼泽纵横、芦苇丛生的有利地形,采取预先埋伏,布设口袋,诱敌深入的伏击之计,一举消灭敌人。这个建议正符合宇文泰出奇制胜的想法,于是,宇文秦欣然采纳此建议,决定利用渭曲复杂的地理环境打一场歼灭战。

高欢听说西魏军已进至沙苑,便决定寻找宇文泰所率的西魏军决战。高欢取胜心切,在未作认真部署的情况下便从许原率兵前来交战。西魏军见敌军出动,便依照先前的谋划在渭曲布设了埋伏,并规定伏兵以击鼓为号,以突然袭击的战法,围歼东魏军于既设阵地。高欢军行进至渭曲附近,大将解律羌举见到渭

曲沼泽、沙丘伏起,茂密的芦苇纵横于沼泽地深处,觉得这苇深泥泞的地形不利野战,便向高欢建议留下部分兵力在沙苑与宇文泰军相持,然后另以精骑西袭长安。高欢急于寻找宇文泰军决战,没有同意他的意见。高欢提出放火烧芦苇,以火攻的办法攻击西魏军。但是他的部将侯景提出异议说:"我们应当活捉宇文泰以示百姓,如果火烧芦苇,把他一起烧死,尸体不好辨认,谁能相信呢?"高欢的另一部将彭乐也附和说:"以我军的兵力,几乎是以一百个对他们一个,还怕打不赢吗?"在下属的盲目乐观与自信面前,高欢利令智昏,放弃了火烧芦苇的主张,下令挥军前进,进入沼泽沙丘搜索宇文泰军。东魏军自恃兵多势众,混乱地深入沼泽地,甚至毫无战斗队形。宇文泰待东魏军进入伏击圈后,擂鼓出击。西魏军从左右两翼猛烈冲击东魏军,将其截为数段。东魏军遭到突然袭击,本来乱糟糟的队形更加混乱不堪,在陌生而又复杂的地形中无法展开,穷于应战,自相践踏;西魏军趁势拼死奋战,杀死东魏军六千余人,俘敌八万。东魏军大败溃散,高欢逃至蒲津,渡河东撤。沙苑、渭曲之战以西魏的胜利与东魏的大败宣告结束。

沙苑、渭曲之战在东、西魏多次交战中算不上是大的战役,但我们仍可从这一次战役中窥视出东、西魏军在复杂地形条件下行军作战、处军相敌方面的长短优劣。从战争的全过程中可以看出,西魏宇文泰在军事部署及"处军"、"相敌"方面,均深得兵法要领。孙武在《孙子兵法·行军篇》中提出,处军的要领在于善于利用地形将军队布置好,地形的选择应于己有利而于敌不利;相敌的要领则在于正确地分析判断敌情,在于善于透过敌军的现象看到其本质。沙苑、渭曲之战决战前夕,宇文泰不为东魏的兵势所吓倒,还从高欢攻华州不下而屯兵许原的现象中,分析、判断出东魏军人多势众却无战斗力的情况,制定了伏击制敌的计划。为了更准确地了解敌情,将敌军引入伏击圈,宇文泰将军队驻扎在许原敌营附近,并派人化装侦察,摸清敌军的基本情况,最后歼灭敌人于事先布好的伏击圈中,一举击败敌军。东魏军的失败,一方面是由于骄傲轻敌,另一方面也在于他们的贸然轻进。临战前,高欢及部将明知地形不利,易遭伏击,然主帅决策时听不进正确意见,反依错误建议行事,违背孙子所说的处军、相敌原则,最终导致了这次战争的失败。

《孙子兵法·行军篇》说:"兵非益多也,惟无武进……夫惟无虑而易敌者,必擒于人。"对照东魏军的失败,孙子处军、相敌原则的重要价值,可见一斑。

【李从珂与后唐兴亡】

五代后唐的李从珂从小就跟随后唐明宗李嗣源南征北战，因其战功显赫，被封为潞王。后唐明宗死后，其子李从厚继位，史称闵帝。闵帝年纪小，朝政全部落在了朱弘昭一个人手中。朱弘昭将朝廷重臣贬的贬、杀的杀，李从珂也在劫难逃，于是在凤翔起兵。朝廷闻报，立即派王思同领兵征讨。

凤翔城墙不仅低矮，而且不坚固，护城河也很浅。王思同不费吹灰之力便连克凤翔东西关城，直逼凤翔城下。李从珂见形势危急，冒险登上城楼向城外将士呼喊道："我从小就跟随先帝出生入死，打下今天的江山。如今朝廷奸臣当道，挑拨我们骨肉之情，我何罪之有，为什么非要置我于死地呢？"说罢，声泪俱下。

王思同带来的兵将都曾经跟随李从珂出征，十分同情李从珂；羽林指挥使杨思权本来就跟朱弘昭不和，于是乘机大喊道："大相公（即李从珂）才是我们的真正主人啊！"遂率领自己的部队投降了李从珂。杨思权进入凤翔城后，呈上一张白纸，要求李从珂在攻克京师后封他为节度使，李从珂当即在白纸上写下"思权可任邠宁节度使"九个字，把纸交还给杨思权。消息传到其他正在攻城的将士中，步军左厢指挥使尹晖嚷道："杨思权已经入城受封了，我们在这儿拼命有什么用？"将士们闻言，纷纷扔下兵器，要求归顺李从珂。王思同见大势已去，只好抛下军队自己逃命去了。

李从珂由败转胜，激动万分，倾尽城中财物犒赏众将士，他又发布东进命令："凡攻入京都洛阳者，赏钱百缗。"将士们欢声雷动。

王思同逃回洛阳后，闵帝惊慌失措。侍卫亲军指挥使康义诚率兵去征讨李从珂，结果全军都投降了李从珂，引李从珂杀入洛阳。在这种形势下，太后被迫下令废除闵帝，改立潞王李从珂为皇帝。李从珂即位后，下诏打开国库犒赏助他拼杀的众将士以兑现出征时的诺言，哪知道国库竟空无一文，而犒赏所需费用高达五十万缗。李从珂便以各种手段搜刮民财，逼得老百姓怨声载道；又把宫廷中的各种器物，包括太后、太妃的簪子都拿了出来，才勉强凑了二十万缗，尽管如此，还缺五分之三。

端明殿学士李专美劝谏李从珂道："国家的存亡在于修法度、立纲纪，如果一味犒赏，即使有无穷的财宝也填不饱骄兵的食欲。"

李从珂认为李专美言之有理，于是对士卒不再一味纵容，但他仍觉不妥，不敢从根本上修法度、立纲纪，对违法乱纪行为也是大事化小、小事化了，一再迁就。

李从珂即位的第三年，河东节度使石敬瑭兴兵造反。由于李从珂治军不严，纲纪不明，派出去平叛的队伍一意孤行，降的降、逃的逃、通敌的通敌，石敬瑭大军直逼洛阳，李从珂含恨登楼，举火自焚，后唐从此灭亡。

【李自成失察大败山海关】

1644年，北京被李自成占领，崇祯皇帝上吊自杀。但李自成骄傲自大，以为胜利已成定局。他对部下的恣意妄为视而不见。

此时，天下远未平定：山海关还有拥有重兵的宁远总兵吴三桂，而山海关外的八旗兵早已对明朝天下虎视眈眈——李自成对此竟毫不在意！

在李自成的纵容下，京城内刮起一股"追赃风"：在京旧官按职位高低摊派饷银，如有不交者，免不了要受皮肉之苦。"追赃风"越刮越烈，连商人、富户也在劫难逃，京城内一片怨哭声。

镇守山海关的吴三桂本已决心投降李自成，但就在赴京的路上，他得知父亲吴襄因"追赃"受酷刑被拷打得奄奄一息、而自己的爱妾陈圆圆也被李自成的大将刘宗敏占有的消息，吴三桂特别愤怒，立刻返回山海关，向李自成宣战，同时与关外的摄政王多尔衮取得联系，向多尔衮"借兵"。多尔衮得知明朝崇祯皇帝已死，觉得是夺取明朝天下的大好时机，立刻答应，便调集八旗精锐，浩浩荡荡地向山海关进发。

李自成得知吴三桂反叛，亲率六万人马，将吴三桂的父亲作为人质，怒气冲冲地杀向山海关，双方在山海关前展开决战。

吴三桂本不是农民军对手，但在激战的关键时刻，武英郡王阿济格和豫郡王多铎率领数万八旗兵突然出现在战场上，漫山遍野的八旗兵向农民军冲杀过来。李自成和他的农民军大败，仓皇向北京撤退。吴三桂与八旗军队穷追不舍，李自成连战皆败，被迫退出北京。

从此，李自成由胜利走向了彻底的失败。

小百科 / XiaoBaiKe

在《三国演义》中我们看到诸葛连弩有极强的杀伤力，但这种武器真的存在吗？诸葛连弩最早记录于《三国志》及其注释之中。《诸葛亮传》："亮性长于巧思，损益连弩，木牛流马，皆出其意。推演兵法，作八阵图，咸得其要。"注引《魏氏春秋》曰："亮作八务、七戒、六恐、五惧，皆有条章，以训厉臣子。又损益连弩，谓之元戎，以铁为矢，矢长八寸，一弩十矢俱发。"也就是说，连弩存在，只不过不是诸葛亮制作的。诸葛亮只是负责创意设计，而具体制作则由他人实施。

地形篇

原文

孙子曰：地形有通者①，有挂者②，有支者，有隘(ài)者，有险者，有远者。我可以往，彼可以来，曰通；通形者，先居高阳③，利粮道④，以战则利⑤。可以往，难以返，曰挂；挂形者，敌无备，出而胜之；敌若有备，出而不胜，难以返，不利⑥。我出而不利，彼出而不利⑦，曰支；支形者，敌虽利我⑧，我无出也；引而去之⑨，令敌半出而击之⑩，利。隘形者，我先居之，必盈之以待敌⑪；若敌先居之，盈而勿从，不盈而从之⑫。险形者，我先居之，必居高阳以待敌；若敌先居之，引而去之，勿从也。远形者⑬，势均⑭，难以挑战，战而不利。凡此六者，地之道也，将之至任⑮，不可不察也。

故兵有走者⑯，有弛者，有陷者，有崩者，有乱者，有北者。凡此六者，非天之灾，将之过也。夫势均，以一击十，曰走⑰。卒强吏弱，曰弛⑱。吏强卒弱，曰陷⑲。大吏怒而不服⑳，遇敌怼(duì)而自战㉑，将不知其能，曰崩。将弱不严，教道不明，吏卒无常㉒，陈兵纵横㉓，曰乱。将不能料敌㉔，以少合众，以弱击强，兵无选锋㉕，曰北。凡此六者，败之道也，将之至任，不可不察也。

夫地形者，兵之助也㉖。料敌制胜，计险厄(è)、远近，上将之道也。知此而用战者必胜，不知此而用战者必败。故战道必胜㉗，主曰无战，必战可也㉘；战道不胜，主曰必战，无战可也㉙。故进不求名，退不避罪，惟人是保㉚，而利合于主㉛，国之宝也。

视卒如婴儿，故可与之赴深溪；视卒如爱子，故可与之俱死。厚而不能使，爱而不能令㉜，乱而不能治㉝，譬若骄子，不可用也㉞。

知吾卒之可以击，而不知敌之不可击，胜之半也㉟；知敌之可击，而不知吾卒之不可以击，胜之半也；知敌之可击，知吾卒之可以击，而不知地形之不可以战，胜之半也㊱。故知兵者，动而不迷，举而不穷。故曰：知彼知己，胜乃不殆(dài)；知天知地，胜乃不穷。

注释

①地形有通者:地形,地理形状、山川形势。通,通达。此句指广阔平坦、四通八达的地区。

②挂者:悬挂、牵碍。此处指前平后险、易入难出的地区。

③先居高阳:意为抢先占据地势高且向阳之处,以争取主动。

④利粮道:指保持粮道畅通。利,此处作动词。

⑤以战则利:以,为也。此句承上"先居高阳,利粮道"而言,意谓在平原地区,若能先敌抵达,占据高阳地带,并保持粮道畅通,如此进行战斗则大为有利。

⑥挂形者……难以返,不利:在"挂"形地带,敌方如无防备,可以主动出击夺取胜利;如果敌人已有戒备,出击不能取胜,军队归返就会很困难,实属不利。

⑦彼出而不利:敌人出击也同样不利。

⑧敌虽利我:敌虽以利诱我。利,利诱。

⑨引而去之:引,带领。去,离开、离去。引而去之即指率领部队伪装退去。

⑩令敌半出而击之:令,使。句意为在敌人出兵追击前进一半时再回师反击他们。

⑪必盈之以待敌:一定要动用充足的兵力堵塞隘口,来对付来犯的敌军。盈,满、充足的意思。

⑫盈而勿从,不盈而从之:从,顺随。此处意谓顺随敌意去进攻。在"隘"形之地,敌若先我占据,并已用重兵堵塞隘口,我方就不可顺随敌意去攻打;如敌方还未用重兵扼守隘口,我军就应全力进攻,去争取险阻之利。

⑬远形者:这里特指敌我营垒距离甚远。

⑭势均:一说"兵势"相均;一说"地势"相均。后一说更合本篇之情理。

⑮将之至任:指将帅所应担负的重大责任。至,最、极的意思。

⑯兵有走者:兵,这里指败军。走,与以下"弛、陷、崩、乱、北"共为"六败"之名称。

⑰走:跑、奔,这里指军队败逃。

⑱弛：涣散、松懈的意思。这里指将吏软弱无能，队伍涣散难制。

⑲陷：陷没。此言将吏虽勇强，但士卒没有战斗力，将吏不得不孤身奋战，力不能支，最终陷于败没。

⑳大吏怒而不服：大吏，指小将。句意为高级军官心怀怨怒，不肯服从主将的命令。

㉑遇敌怼而自战：意为心怀怨怒的"大吏"，遇敌心怀怨愤，擅自出阵作战。怼(对)，怨恨，心怀不满。

㉒吏卒无常：无常，指没有法纪、常规，军中上下关系处于失常状态。

㉓陈兵纵横：指布兵列阵杂乱无章。陈，古"阵"字。

㉔料敌：指分析(研究)敌情。

㉕选锋：由精选而组成的先锋部队。

㉖地形者，兵之助也：地形的观察利用，是用兵作战的重要辅助条件。助，辅助、辅佐。

㉗战道必胜：战道，作战具备的各种条件，引申为战争的一般规律。战道必胜，指根据战争规律分析，具备了必胜的把握。

㉘必战可也：即言可自行决断与敌开战，无须听从君命。

㉙无战可也：根据战争规律，没有必胜把握，那么拒绝君命，不同敌人交战，是可以的。

㉚惟人是保：人，百姓、民众。保，保全。此句谓进退处置只求保全民众。

㉛利合于主：指符合国君的利益。

㉜厚而不能使，爱而不能令：只知厚待而不能使用，只知溺爱而不重教育。厚，厚养、厚待。令，教育。意谓只知溺爱而不重教育。

㉝乱而不能治：指士卒行为乖张不羁而不能加以约束惩治。治，治理，这里有惩处之意。

㉞譬若骄子，不可用也：此句言为将者，仅施"仁爱"而不用威严，只会使士卒成为被溺爱的孩子而不能使用。

㉟胜之半也：胜利或失败的可能性各占一半。指没有必胜的把握。

㊱不知地形之不可以战，胜之半也：如果不知道地形不适宜于作战，得不到地形之助，则能否取胜同样也无把握。

译文

孙子说：地形有通形、挂形、支形、隘形、险形、远形六种。我军可以去，敌军也可以来的地域，叫通形。在通形地域，先占领地势高而且向阳，又有利于补给、道路畅通的阵地，就会对作战有利。可以前往，但难以返回的地域，叫挂形。在挂形地域，如果敌军没有防备，我军就可以出击取胜；如果敌军有了防备，出击又不能保证取胜，又难以返回，那就不利了。我军前往不利，敌军也前往不利的地域，叫支形。在支形地域，敌军虽然以利引诱我，也不要出击，应率军伪装撤退，引诱敌军前出一半时突然回军攻击，这样就会有利。在隘形（两山之间的狭窄山谷地带）地域，我军应该抢先占领，并用重兵阻住隘口，以等待敌军的到来；如果敌军先占领了峡谷，并用重兵镇守隘口，就不可以进击；如果敌军没有用充足的兵力把守隘口，我军就可以进攻。在险形（地势险峻、行动不便的地带）地域，我军应该抢先占领，一定要占据地势较高、向阳一面的制高点，等待敌军来犯；如果敌军已先期到达，占据了有利地形，我军就应该主动撤退，千万不要进攻。在远形（距离遥远之地）地域，敌我双方实力相当时，不宜挑战，如果勉强出战，就会于己不利。以上这六点，是利用地形的法则，也是将帅们重大责任之所在，不能不认真考虑研究。

军队打败仗有"走"、"弛"、"陷"、"崩"、"乱"、"北"六种情形。这六种情况的发生，不是天时地利等自然条件造成的灾祸，而是将帅用兵的错误导致的。凡是双方实力相当，却要以一击十，必然导致失败而临阵败逃，叫做走。士卒强悍而军官怯懦，必然指挥不灵，士气低迷，叫做弛。军官强悍而士卒怯懦，必然战斗力差，以致全军陷灭，叫做陷。高级将领怨怒而不服从主帅命令，遇到敌军只凭一腔仇恨而擅自出战，主帅却不知道他的能力，必然导致溃败而土崩瓦解，叫做崩。将帅怯懦无威严，训练教育士兵没有章法，致使官兵关系不正常，布阵杂乱无章，部队混乱不堪，叫做乱。将帅不能正确判断敌情，用少数兵力去迎击敌人重兵，以弱击强，又没有精锐的前锋部队，必然失败，叫做北。以上六种情况，是造成失败的必然规律，也是将帅的重大责任之所在，不可以不认真考察研究。

地形是用兵打仗的辅助条件。判断敌情，争取克敌制胜的主动权，考察地形的险易，计算路程的远近，这些都是高明的将帅必须掌握的基本方法。懂得这些道理并应用于战斗，就必然胜利，不懂得这些道理而去指挥打仗，就一定会有危险。所以,按战争规律分析,肯定会取得战争的胜利,即使国君说不要打,也可以坚持去打;按战争规律分析,必然失败的仗,即使国君说一定要打,也可以不打。所以说,将帅进攻不应为了求得个人声名,后退也不回避违命的罪责,只求保全百姓,有益于国君的利益,这样的将帅才是国家的宝贵财富。

对待士卒就像对待婴儿那样百般呵护,士卒就可以与将帅一起共患难;对待士卒就像对待儿子那样关怀疼爱,士卒就可以与将帅同生死。但是厚待士卒而不使用他们,爱护士卒而不用法令约束他们,士卒违法乱纪而不去惩治他们,士卒就会像被溺爱的孩子一样,是不能派他们作战的。

只知道自己的军队可以打仗,而不了解敌人不可以攻打,胜利的可能只有一半;只知道敌军可以攻打,而不了解自己的军队不能去攻打,胜利的可能也只有一半;知道敌人可以攻打,也知道自己的军队可以去攻打,但不了解地形条件不宜于向敌军发起攻击,胜利的可能同样只有一半。因此,真正懂得用兵的将帅,行动起来不会迷惑,他的战术措施变化多端。所以说:了解敌人和自己,取胜就不会有差错;知道天时,知道地利,那么,就能取得完全的胜利了。

战例

【马援巧借地形平诸羌】

东汉初年,西北地区羌人经常入侵边地。汉光武帝刘秀派大将马援任陇西太守,平定诸羌。

各部落羌人听说马援到来,用辎重、树木堵塞了允吾谷通道,企图凭借险隘,顽抗到底。马援对陇西的地形十分了解,他知道羌人占有有利地形,人数众多,如果一味硬攻,一定会损兵折将。于是,他一面派部将率部分兵力在正面进行佯攻,以吸引羌人;一面亲率主力部队在当地汉人向导的指引下,巧妙地利用山谷中的小道为掩护,悄悄地绕到羌人的大本营后面,然后突然发起进攻。

羌人因为没有准备,狼狈溃逃。但羌人对地形更熟悉,他们迅速重新集结,凭借山高地险的优势,以逸待劳,与马援形成对峙。

　　马援并不急于进攻，而是在山下正面安营扎寨。到了夜间，马援挑选精锐骑兵数百名，利用夜幕的掩护，神不知鬼不觉地绕到山后，在羌人的营中放起一把火，山下正面的汉军乘机擂鼓助威、齐声呐喊；羌人不知汉军是何时到来的，乱作一团，纷纷离山逃遁。马援挥军追杀，大获全胜。

　　羌人又经过一年的准备，以参狼羌为首的诸羌联合在一起，再次侵入武都（今甘肃成县西）。马援闻报，率四千人马前去平息，双方在氐道县（今甘肃武山县东南）狭路相逢。

　　羌人再次凭借有利的地形，据险而守，任凭汉军百般挑战，就是不下山来应战。马援在详细勘察了羌人的据守情况和周围的山势地形后，终于找出了羌人的破绽——水源不足。马援指挥部队夺取了羌人仅有的几个水源，断绝了羌人的水和粮草，没过多久，羌人就不战而败，一部分羌人投降了马援，大部分羌人逃回了塞外。马援从而平定了陇西。

【东晋灭南燕之战】

　　淝水之战后，前秦政权为姚苌、姚兴建立的后秦所取代。北方原在前秦控制下的各族首领又建立起十几个割据政权，出现了再度分裂的局面。它们互相争夺，战乱不已。这些割据政权主要有后燕、西燕、南燕、北燕、大夏、西秦、冉魏、南凉、后凉、西凉、北凉等。南燕慕容德原是后燕的范阳王，久镇邺城。396年，北魏军南下，后燕被截割为南北两部。南部的慕容德屡被魏军所困，于398年迁往滑台建立南燕，又因滑台四面受敌，于次年将都城迁往广固（今山东青州西北）。在这些割据政权中，比较强大的政权是北魏，与东晋接壤的是南燕和后秦。东晋在淝水之战后收复了保、兖、青、司、豫、梁六州（今山东、江苏、河南、陕南的部分地区），但不久因东晋内部争权夺利，这些地方得而复失，为南燕、后秦占领。在不久爆发的孙恩起义、桓玄叛乱中，平民出身的刘裕因镇压起义和平息叛乱有功而官至车骑将军，掌握了东晋朝廷的军政大权。

　　刘裕当权后，在政治上实行排除异己，强化自己势力的措施；经济上，他迫于农民起义的压力，不得已减轻征调、徭役、田租，以缓和阶级矛盾；军事上以恢复中原为号召，训练军队，积极准备北进。这些措施的实行，使刘裕在东晋政权

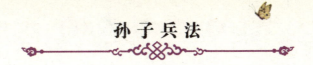

孙子兵法

中的地位得到巩固,东晋的经济实力也逐渐增强。这时,刘裕开始酝酿北伐战争的战略。刘裕将北伐战争的第一个目标指向南燕,欲一举灭南燕,收复失地,进一步提高自己的声望。在灭南燕之战中,刘裕准确地判断敌情,慎重选择了北伐的路线,利用地形之变灵活变换战术,取得了北伐的胜利。

公元409年,南燕慕容超派将军慕容兴宗率骑兵攻陷东晋的宿豫,俘宿豫的阳平太守和济阴太守而去。不久又派将军公孙归攻陷济南,俘太守及百姓千余人而去。彭城以南的广大民众纷纷筑坞堡自卫,抗击南燕军。刘裕为了争取广大民众的支持,提高自己的威望,决定北伐南燕,收复故地。

刘裕进攻南燕的主张,除得到左仆射孟昶、车骑司马谢裕等少数人的支持外,多数朝臣对灭燕的信心不足。刘裕分析了南燕国土面积幅员较小,政治腐败及没有长远的战略眼光等弱点,决心北伐灭燕。刘裕制定了沿途筑城、分兵留守、巩固后方、长驱北进的作战方针。同年四月,刘裕率兵十余万从建康出发,由水路过长江,由淮水至泗水前进。五月,刘裕抵达下邳(今江苏睢宁西北),留下航船辎重,率步骑向琅邪进发。刘裕在所过之处沿途筑建城堡,分兵留守,以防南燕骑兵的袭击和切断后路。不久,晋军到达南燕境内的琅邪。晋军到达时,南燕已风闻东晋北伐军将至,急忙将莒城(今山东莒县)、梁父(今山东泰安东南)的守军撤走。晋军继续向前开进,欲从琅邪至广固直捣南燕都城。当时,自琅邪至广固有三条路:一是由琅邪经富城,越大岘山(今山东临朐东南)直奔临朐、广固。这是条捷径,水路运输比较方便。但大岘山很险峻,山高七十丈,周围二十里,其上关口(今穆陵关)仅能通一车,号称"齐南天险"。二是向东北经莒城、东武(今山东武城西北),入潍水北上,再转而向西往广固。这条路比较迂远,劳师费时。三是向北越泗水经梁父,转而向东北达广固。这条路山路过长,不利于行军,运输困难。刘裕根据南燕鲜卑人战前曾利用其骑兵优势两次攻入东晋淮北地区,仅仅掠掳而不攻城占地的事实,判断南燕首领是没有远谋的贪婪之徒,又从南燕弃守莒城、梁父等要地的情况,判断燕军定是不准备在大岘山以南作战,而意在让晋军主力深入南燕腹地,以便依托临朐、广固等坚城,在平坦地区同晋军作战,以发挥他们的骑兵优势。刘裕通过对南燕的分析,决定走第一条线路。刘裕手下的部将有些疑虑,提出:"如果南燕军据大岘山之险伏击我军,或坚壁清野绝我粮资,我军孤军深入,恐怕不仅无法灭燕,而且还将败无归路。"刘裕向他们解释道:"我已经慎重考虑过了。鲜卑人贪得无厌,不知深谋远虑,进则专思

抢掠,退则吝惜禾苗,他们一定以为我孤军深入,不能持久。他们进不会过临朐,退不会守广固,我敢断定,他们绝不会守险清野。"刘裕的解释,坚定了部将北越大岘山、直捣南燕腹地同南燕军作战的决心。

在南燕,慕容超听说东晋军北上,便召群臣商议与晋军作战的对策。左卫将军公孙五楼向慕容超提出上、中、下三策。他认为,晋军远道而来,利在速战,我军不要与之争锋,宜扼守大岘山,阻其深入,旷日持久,挫其锐气,然后选精骑沿海南下,绝其粮道,另命兖州(州治梁父)之兵缘山东下,腹背夹击,这是上策;命令各地郡守依险固守,坚壁清野,毁掉田里的庄稼,使晋军无粮可掠,求战不得,旬月之间即可获胜,这是中策;纵敌入岘,然后出城拒战,此为下策。公孙五楼的上策是比较可取的,如采取这一方略,燕军可凭险固守,阻止晋军进入南燕腹地;即使退却,也有利于发挥燕军骑兵的作用。这一计策可谓是可攻可守,是可以坚持较长时间的作战策略。但是,慕容超却没有采纳这一建议。他认为东晋军远道而来,一定疲惫,势不能久。而自己据五州(南燕设并、幽、徐、兖、青五州)之地,拥富庶之民,铁骑万数,麦禾布野,为何先除苗徙民,使自己受损失呢?慕容超采纳了公孙五楼的下策,不听手下将领的谏阻,调回莒城梁父的守军,修筑广固城池,整顿兵马以待晋军。

六月,晋军到达东莞,接着兵过大岘山。刘裕见晋军已过险地,高兴地对左右说:"现在我们已顺利走过了危险地带,深入敌人腹地,可以拼死作战;原野上到处是成熟的庄稼,我军无缺粮之忧,可以说,胜利离我们不远了。"不久,晋军逼近临朐。南燕、东晋军交战争夺川源,展开了激烈的争夺战。晋军拼死力争,夺取了川源。于是刘裕布置军队准备与南燕军争夺临朐。晋军主力到达临朐城南附近后,慕容超派出主力骑兵夹击晋军。刘裕针对南燕骑兵在平川作战时所具有的优势,布置晋军以车兵四千名分布在步兵的两翼,以骑兵列于车后机动,组成一个步、骑、车兵相互配合的阵势。这种阵势有效地抵御了燕军骑兵对晋军步兵主力的冲击,兵车上的长矛还阻碍了骑兵的进攻。双方激战半日,未见胜负。参军胡藩向刘裕建议出奇兵走偏僻的小道去袭击临朐城。刘裕接受他的建议,派兵奇袭临朐。临朐守城兵力薄弱,被晋军一举攻下。慕容超惊慌失措,率领余部逃到了广固城中,晋军首战告捷。

晋军在临朐取胜后,连夜乘胜发起追击,直抵广固城下。广固城四周绝涧,一时难以攻取。刘裕命晋军修筑长墙围困敌军,同时就地取粮,不再从后方运送

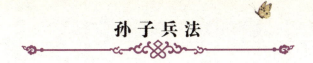

粮草。此时的慕容超不是积极防御，而是一心指望后秦的援兵到来，消极地等待援兵。晋军一方面对敌军展开了强有力的政治攻势，瓦解敌军；一方面利用敌降将张纲善于制造攻城器具的特长，设计出新的攻城武器。410年初，晋军四面攻城，尚书悦寿开门迎降。慕容超率数十名骑兵突围逃走，后被晋军追获，送建康城斩杀。至此，东晋与南燕之战以晋胜燕亡而告结束。

东晋灭南燕之战，刘裕能够取胜的主要原因在于他了解敌人、了解自己，同时也了解地形对于己方的利弊。他正确地分析了南燕政权贪婪、知近利而无远虑的特点，料定目光短浅的慕容超不会凭险固守大岘山，便果断地选择了一条捷径直入敌国腹地。刘裕在这次战争中，不仅"料敌制胜，计险厄、远近"，而且做到了孙子所说的"动而不迷，举而不穷"。他善于根据敌情制定相应的作战措施，采取灵活的战术、战法来战胜敌人。刘裕根据南燕骑兵善于在平川地区作战，而晋军步兵在平川作战又容易被骑兵冲垮的情况，将车阵这一古老的作战队形与战法运用到作战中，组成了一个步、骑、车兵相结合的阵势，在作战中有效地扼制了燕军之所长。在两军相持时，刘裕及时运用奇兵袭击敌人薄弱的后方，有力地打击了敌人，为取得最后胜利奠定了基础。

反观燕军之所以失败，除了慕容超目光短浅与骄横自负外，另一重要原因还在于慕容超不懂得如何利用地形的便利克敌制胜。孙子在《孙子兵法·地形篇》中说："隘形者，我先居之，必盈之以待敌"，"险形者，我先居之，必居高阳以待敌"，慕容超违背了孙子所说的这些原则，弃大岘山之险不守，放弃了能有力地阻击敌人进攻的地形而过早与敌军决战，结果首战失败，丧失了战争的主动权，军队的士气也受到严重影响，因而导致了最终失败。这一历史教训，值得后人认真思考。

【蒙哥殒命钓鱼城】

蒙哥继承王位做了蒙古可汗后，绕道西南，采用迂回的策略，向南宋发起进攻。蒙哥先派其弟忽必烈攻克了云南，然后亲率西路主力四万人马，经六盘山进入四川，经过一年的苦战，打到钓鱼城下。

钓鱼城地处嘉陵江、涪江、渠江的汇合之处，山城的四周尽是如刀削过的悬崖绝壁，真可谓是"一夫当关，万夫莫开"。蒙哥企图从钓鱼城穿过，进军重庆，与蒙古南路军会师，直取南宋都城临安，因此钓鱼城成为蒙哥的必争之地。

钓鱼城的守将王坚忠于南宋朝廷，坚决抗守蒙军。早在蒙哥到达之前就已储备了足够的粮食，开拓了水源。山城中有约十万百姓，守城将士也有一万余人。

蒙哥先派降将晋国宝入钓鱼城劝降。王坚命士卒将晋国宝押至演武场上斩首示众，并对众将士说："今后谁再敢说一个'降'字，这就是你们的下场！如果我有背叛朝廷的行为，大家就砍下我的头颅！"自此以后，钓鱼城中再无一人敢说"降"。

蒙哥见劝降无效，一面派将军纽璘到涪州的蔺市建造浮桥阻止宋军的增援，一面亲率大军想尽种种办法向钓鱼城发起多次进攻。王坚率全城军民据险而战，一连数月，蒙古军死伤惨重，但钓鱼城始终没有攻下。

这期间，南宋理宗皇帝派四川制置副使吕文德率战舰千艘增援钓鱼城，在到达合川附近的时候，战舰遭到蒙古军的拦截，无功而返。

蒙哥击败南宋的援军，派前锋大将汪德臣再次到钓鱼城下劝降。汪德臣单枪匹马来到城下，没喊上几句话，城上飞下一块巨石打中了他的肩膀，当天晚上，汪德臣就在营中吐血而死。

蒙哥损失一员大将，钓鱼城久攻不下，心中十分着急。为了观察钓鱼城内的虚实，蒙哥命令士兵在钓鱼城前修建起一座高高的瞭望台。王坚发现蒙哥在城下亲自督建，吩咐将士准备炮石轰击瞭望台。蒙哥不知道钓鱼城内的情况，瞭望台建好后，他连忙登上台顶，王坚发现后心中大喜，连忙命令士兵发炮。在大炮的连续轰击下，瞭望台被摧毁，蒙哥本人也被飞石击成重伤，不久即死去。蒙古人只好载着蒙哥的尸体撤回钓鱼城以北。

钓鱼城之战的胜利使濒临灭亡的南宋王朝又得以延续了二十多个春秋。

【戚继光抗倭】

明朝后期，有一批日本"倭寇"经常骚扰我国东南沿海一带。他们和中国的土豪、奸商勾结，到处抢掠财物，杀害百姓，闹得沿海不得安宁。

　　1553年，在汉奸汪直、徐海的勾结下，倭寇集结了几百艘海船，在浙江、江苏沿海登陆，他们分成许多小股，对几十个城市进行烧杀抢掠，气焰十分嚣张。直到朝廷把山东的将领戚继光及其所率领的戚家军调到浙江，才扭转了这个局面。

　　第二年秋天，倭寇又想侵扰我东南沿海。但他们知道浙江有戚继光，不好对付，于是在福建沿海骚扰，攻占了宁德城。嘉靖皇帝把戚继光又从浙江调到福建。戚继光对倭寇的不断骚扰也十分痛恨，但是，倭寇来了，一打倭寇就走，总是击不中要害。戚继光认为，要消灭倭寇就要找到他们的巢穴，这样才能永保东南沿海平安无事。

　　戚继光到福建后多方面打听，知道了倭寇的巢穴是在宁德城外数十里的横屿岛。这个岛是海上一座孤岛，地势险要，易守难攻，倭寇在岛上存放财物，也将这个岛当做根据地养精蓄锐。戚继光首先了解了横屿岛的地形，知道岛上工事很多，戒备森严，很难攻打。晚上他召集所有将领、参谋在大帐内讨论，研究对付倭寇的有效办法。

　　戚继光苦思冥想，终于有一个想法在他脑中形成，他见横屿岛在海中，四面环水，但在退潮时就是一片淤泥与陆地相连，倭寇也经常在退潮时攻上岸，在涨潮时退回岛。戚继光决定利用退潮时攻入横屿岛。

　　用什么方法可以迅速通过淤泥攻上岛呢？而且一定要保证迅速消灭敌人，才不会在涨潮时被切断退路。

　　"有了，可以用稻草铺路，再搭上木板……"戚继光忽然灵机一动，有了主意，喜不自胜。天刚蒙蒙亮，戚继光便披挂整齐升帐点兵。

　　当戚继光把自己的想法说给部将时，顿时众将发出一片赞同声，戚继光随即传令。他将戚家军分为两路进攻横屿岛，一路由侧面进攻，争取在岛中放起大火扰乱敌人，另一路由他亲自率领从正面进攻。每个士兵都准备好稻草和木板，只等当天一退潮露出淤泥，立刻铺上稻草，在稻草上再放木板，这样大军就可通过木板顺利地攻上横屿岛。

　　这一天退潮后，士兵在岸上已能清楚地看到横屿岛，马上开始铺稻草木板。岛上的倭寇发现了这条大蛇似的木板路，十分害怕，只能眼睁睁地看着戚家军攻上岛，几千个倭寇立刻和冲上来的戚家军展开了肉搏战，战斗十分激烈。

　　另一路戚家军却已悄悄地上了横屿岛。倭寇以为只有一支戚家军攻上岛，因此只在正面抵抗，忽视了侧面的防守。等到岛上放起大火，那一路戚家军从后

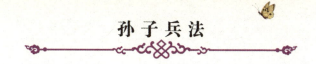

面杀上来时,戚家军两路夹攻,倭寇再无心抵抗,向海上逃窜,岛上到处是倭寇的尸体。这一仗戚家军大获全胜,完全捣毁了倭寇的巢穴。戚继光率领的戚家军保证了沿海居民的生命财产安全,戚继光抗倭的故事,一直被人们称颂至今。

【南昌起义】

第一次国共合作期间,国民党反动派先后发动"四一二"和"七一五"反革命政变,屠杀了大量共产党员和革命战士。中共中央为了保证革命的胜利,决定在国民党军队中举行武装起义。

当时,中共所掌握的武装力量正集结在长江南岸的军事要地九江及其附近。与此同时,国民党内既互相争斗又互相勾结的蒋汪两大集团,均以重兵集结在长江中下游两岸。负责领导起义的前敌委员会,反复考虑在南昌和九江举行武装起义的可能性。从当时敌我双方兵力部署和双方所处地理位置的特点看,在九江就地举行起义是不利的。因为,沿长江南岸向东或向西,都难脱离敌重兵的拦阻。渡江北上举行起义更不足取。因此,以周恩来为书记的前敌委员会决定,把发动武装起义的地点选择在地处九江以南的南昌。这是因为,在军事地理方面,南昌具有多方面的有利条件。

南昌距敌重兵集结的长江沿岸较远,距离九江约一百三十公里。在南昌发动起义,能较好地摆脱敌军主力的严重威胁。后来,起义的实际情况果然不出所料,当南昌起义后,部署在长江沿岸的敌重兵集团,一直未能对起义行动构成直接威胁。

南昌交通条件便利。根据当时的交通设施和军队的装备水平,地面部队实施快速机动的最好方式是铁路输送或水上输送,南昌与九江之间有一条当时南昌唯一的铁路——南浔铁路,起义军正是利用这条铁路迅速从九江开至南昌。起义军利用铁路输送完毕后,立即实施遮断措施,并以兵力警戒,从而切断了南昌与外界的通道联系,使敌人无法利用。南昌与外界联系的最大水上通道是纵贯江西南北的赣江。而南昌所在的赣江段,江面宽、航道浅,稍大一点的船只即

无法通过,南昌周围的敌军在起义军举行起义时无法迅速赶到南昌,这就在很大程度上减轻了起义军的敌情顾虑,有利于起义的顺利进行。

南昌地区有利的地理环境成为南昌起义胜利的重要条件。它不仅使起义军一夜之间速战速决,全歼南昌城内及近郊之敌,而且使起义军在没有遭到敌主力直接攻击的情况下从容撤离南昌。

【纳纽游击队勇挫美军】

1962年8月,美军企图袭击南越广义省纳纽地区的人民武装。为此,美军经过五天的精心准备,对纳纽地区实施了侦察并作了试探性的轰炸,甚至派了一架武装直升机进行试探性降落。其时,纳纽只有四十余名游击队员留守,主力部队都已到外地作战去了,美机的侦察是闭着眼睛捉麻雀,一无所获。

8月30日清晨,美军以八架轰炸机打头阵,对纳纽进行了狂轰滥炸。六时四十五分,二十四架武装直升机在战斗机的掩护下,以编队形式飞抵纳纽上空,中间两个编队同时下降,放下绳梯,美军官兵准备下机。这时,四十余名游击队员凭借山高崖陡、乱石耸立及岩洞隐蔽的有利地形,用三挺机枪和一些步枪对准美机猛烈开火,当即击落一架美军直升机,其余的直升机慌忙逃走,已经着陆的美军及南越伪军官兵躲入草丛中、岩石后面,胡乱开枪,给自己壮胆。

十一时,美军为营救地面的美军和南越军,派出直升机十一架飞抵纳纽。游击队员们隐蔽在山岩后面,再次以密集的火力击落一架直升机。美军从空中和地面同时向游击队猛烈射击,但游击队员们巧妙利用有利地形,不断变换位置,使得美军和南越军无计可施。两小时后,美军又派八架武装直升机增援地面的美军和南越军,游击队员在子弹打光的情况下,主动撤离了战场,美军和南越军这才慌忙爬上直升机,飞回大本营。战斗至此结束。

纳纽袭击战中,美军先后出动五十一架轰炸机、武装直升机对付只有四十余人的游击队,美军损失直升机两架,数架飞机受伤,部分官兵阵亡,而南越游击队无一伤亡,游击队员们充分利用了自己所熟悉的有利地形是这场战争胜利的重要原因。

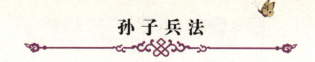

九地篇

原文

　　孙子曰：用兵之法，有散地，有轻地，有争地，有交地，有衢地，有重地，有圮地，有围地，有死地。诸侯自战其地，为散地①。入人之地而不深者，为轻地②。我得则利，彼得亦利者，为争地③。我可以往，彼可以来者，为交地④。诸侯之地三属，先至而得天下之众者，为衢地⑤。入人之地深，背城邑多者，为重地⑥；行山林、险阻、沮（jǔ）泽，凡难行之道者，为圮地⑦。所由入者隘，所从归者迂，彼寡可以击吾之众者，为围地⑧。疾战则存，不疾战则亡者，为死地。是故散地则无战，轻地则无止，争地则无攻⑨，交地则无绝⑩，衢地则合交⑪，重地则掠⑫，圮地则行，围地则谋，死地则战。

　　所谓古之善用兵者，能使敌人前后不相及⑬，众寡不相恃⑭，贵贱不相救⑮，上下不相收⑯，卒离而不集⑰，兵合而不齐⑱。合于利而动，不合于利而止⑲。敢问："敌众整而将来，待之若何？"曰："先夺其所爱，则听矣。"兵之情主速⑳，乘人之不及。由不虞之道㉑，攻其所不戒也。

　　凡为客之道㉒，深入则专。主人不克㉓；掠于饶野㉔，三军足食；谨养而勿劳㉕，并气积力㉖，运兵计谋，为不可测。投之无所往，死且不北。死焉不得，士人尽力。兵士甚陷则不惧㉗，无所往则固㉘，深入则拘㉙，不得已则斗。是故其兵不修而戒㉚，不求而得，不约而亲㉛，不令而信㉜，禁祥去疑㉝，至死无所之㉞。吾士无余财，非恶货也；无余命，非恶寿也㉟。令发之日，士卒坐者涕沾襟㊱，偃（yǎn）卧者涕交颐㊲，投之无所往者，诸、刿（guì）之勇也㊳。

　　故善用兵者，譬如率然㊴；率然者，常山㊵之蛇也。击其首则尾至，击其尾则首至，击其中则首尾俱至。敢问："兵可使如率然乎？"曰："可。"夫吴人与越人相恶也，当其同舟而济，遇风，其相救也如左右手。是故方马埋轮，未足恃也㊶；齐勇若一，政之道也㊷；刚柔皆得，地之理也㊸。故善用兵者，携手若使一

孙子兵法

人,不得已也。

将军之事,静以幽,正以治[44],能愚士卒之耳目,使之无知;易其事,革其谋,使人无识;易其居,迂其途,使人不得虑[45]。帅与之期,如登高而去其梯[46]。帅与之深入诸侯之地,而发其机[47],焚舟破釜(fǔ),若驱群羊,驱而往,驱而来,莫知所之。聚三军之众,投之于险,此谓将军之事也。九地之变,屈伸之利[48],人情之理,不可不察。

凡为客之道,深则专,浅则散[49]。去国越境而师者,绝地也[50];四达者,衢地也;入深者,重地也;入浅者,轻地也;背固前隘者,围地也[51];无所往者,死地也。是故散地,吾将一其志;轻地,吾将使之属;争地,吾将趋其后[52];交地,吾将谨其守;衢地,吾将固其结[53];重地,吾将继其食[54];圮地,吾将进其涂[55];围地,吾将塞其阙[56];死地,吾将示之以不活[57]。故兵之情,围则御[58],不得已则斗,过则从[59]。

是故不知诸侯之谋者,不能预交;不知山林、险阻、沮泽之形者,不能行军;不用乡导者,不能得地利[60]。四五者,不知一,非霸王之兵也[61]。夫霸王之兵,伐大国,则其众不得聚[62];威加于敌,则其交不得合[63]。是故不争天下之交[64],不养天下之权[65],信己之私[66],威加于敌,故其城可拔,其国可隳[67](huī)。施无法之赏,悬无政之令,犯三军之众,若使一人。犯之以事,勿告以言[68];犯之以利,勿告以害[69]。投之亡地然后存,陷之死地然后生。夫众陷于害,然后能为胜败[70]。故为兵之事,在于顺详敌之意[71],并敌一向,千里杀将,此谓巧能成事者也。

是故政举之日,夷关折符,无通其使[72],厉于廊庙之上,以诛其事。敌人开阖,必亟入之[73]。先其所爱[74],微与之期[75]。践墨随敌[76],以决战事。是故始如处女,敌人开户;后如脱兔,敌不及拒。

注释

①诸侯自战其地,为散地:言诸侯在自己领土上同敌人作战,遇上危急就容易逃散,这种地域叫做散地。

②入人之地而不深者,为轻地:进入敌地不深,官兵易于返回的地区叫做轻地。

③争地：我军占领有利、敌军占领也有利的地区。

④交地：指道路纵横、地势平坦、交通便利的地区。交，纵横交叉。

⑤先至而得天下之众者，为衢地：谁先到达就可以得到四周诸侯的援助，这样的地方叫做衢地。

⑥入人之地深，背城邑多者，为重地：进入敌境已远，隔着很多敌国城邑的地区，叫做重地。

⑦行山林、险阻、沮泽，凡难行之道者，为圮地：凡是山林、险要隘路、水网湖沼这类难行的地区，叫做圮地。

⑧围地：意为道路狭隘，退路迂远，敌人能以少击众的地区。

⑨争地则无攻：遇到争地，我方应该先行占据；如果敌人已先期占领，则不要去强攻争夺。

⑩交地则无绝：绝，隔绝、继绝。句意为在交地要做到军队部署上能够互相策应，行军序列不可断绝。

⑪衢地则合交：合交、结交。在衢地上要加强外交活动，结交诸侯盟友，以为己援。

⑫重地则掠：掠，掠取、抢掠。在敌方之腹地，不可能从本国往返运粮，要就地解决军队的补给问题，故"重地则掠"。

⑬前后不相及：前军、后军不能相互策应配合。及，策应。

⑭众寡不相恃：众，指大部队。寡，指小分队。恃，依靠。此言军中主力部队与小分队不能相互依靠和协同。

⑮贵贱不相救：指军官和士卒之间不能相互救助。

⑯上下不相收：收，聚集、联系。言军队建制被打乱，上下之间失去联络，无法聚合。

⑰卒离而不集：离，分、散。集，集结。言士卒分散难于集中。

⑱兵合而不齐：虽能使士卒集合在一起，但无法让军队整齐统一。

⑲合于利而动，不合于利而止：意为对我方有利则战，不利则不战。合，符合。动，作战。止，不战。

⑳兵之情主速：情，情理。主，重在、要在。速，迅速、疾速。此句言用兵的主旨重在迅速。

㉑由不虞之道:由,经过、通过。不虞,不曾料想、不曾意料到。句意为要走敌人预料不到的路径。

㉒为客之道:客,客军,指离开本国进入敌国的军队。这句的意思:离开本国进入敌国作战的规律。

㉓主人不克:即在本国作战的军队,无法战胜客军。主,在本地作战。克,战胜。

㉔掠于饶野:掠取敌方富饶田野上的庄稼。

㉕谨养而勿劳:认真地搞好休整,不要使将士过于疲劳。谨,注意、注重。养,休整。

㉖并气积力:并,合,引申为集中、保持。积,积蓄。意谓保持士气,积蓄战斗力。

㉗兵士甚陷则不惧:士卒们深陷危险境地就不再恐惧。甚,很、非常的意思。

㉘无所往则固:无路可走的情况下军心就会稳固。

㉙深入则拘:军队进入敌境已深,则军心凝聚。拘,拘束、束缚,这里指凝聚。

㉚是故其兵不修而戒:修,修治、修明法令。戒,戒备、警戒。指士卒不待整治督促,就知道加强戒备。

㉛不约而亲:指不待约束就做到内部的亲近团结。约,约束。亲,团结。

㉜不令而信:不待申令就能做到信任服从。信,服从、信从。

㉝禁祥去疑:禁止占卜之类的迷信,消除疑虑和谣言。祥,吉凶的预兆。这里指占卜之类的迷信活动。

㉞至死无所之:即使到死也不会逃避。之,往。

㉟吾士无余财,非恶货也;无余命,非恶寿也:我军士卒没有多余的钱财,这并不是他们厌恶财宝;没有第二条命(却去拼死作战),这也并不是他们不想长寿。余,多余。恶,厌恶。货,财宝。寿,长寿。

㊱士卒坐者涕沾襟:坐着的士卒热泪沾满衣襟。涕,眼泪。襟,衣襟。

㊲偃卧者涕交颐:躺着的士卒则泪流面颊。偃,卧倒。颐,面颊。

㊳诸、刿之勇也:像专诸、曹刿那样英勇无畏。诸,专诸,春秋时吴国的勇

士。公元前515年，专诸在吴公子光(即阖闾)招待吴王僚的宴席上，用藏于鱼腹的剑刺死吴王僚，自己也当场被杀。刿，曹刿，春秋时期鲁国的武士。在齐鲁柯地(今山东阳谷县之阿城)会盟上，他劫持齐桓公，迫使齐同鲁订立盟约，收回为齐所侵占的鲁国土地。

㊴率然：古代传说中的一种蛇。

㊵常山：即恒山，五岳中的北岳，位于今山西浑源南。西汉时为避讳汉文帝刘恒的"恒"字，改称"常山"。

㊶方马埋轮，未足恃也：言将马并排地系缚在一起，将车轮埋起来，想用此来稳定部队，以示坚守的决心，是靠不住的。

㊷齐勇若一，政之道也：使士卒齐心协力、英勇杀敌如同一人，这才是治理军队的方法。齐，齐心协力。政，治理、管理的意思。

㊸刚柔皆得，地之理也：言使强者和弱者都能各尽其力，这在于恰当地运用地形。

㊹正以治：谓严肃公正而治理得宜。正，严正、公正。治，治理、有条理。

㊺易其居，迂其途，使人不得虑：更换驻防的地点，行军迂回，使敌人无法图谋。虑，图谋。

㊻帅与之期，如登高而去其梯：期，约定。句意为主帅赋予军队作战任务，要断其退路，犹如登高而去梯，使之勇往直前。

㊼帅与之深入诸侯之地，而发其机：统帅与军队深入敌国，就如激发弩机射出的箭一般(笔直向前而不可复回)。机，弩机之扳机。

㊽九地之变，屈伸之利：对不同地理条件有不同的应变处置，使军队的进退得宜。屈，弯曲。伸，伸展。屈伸，这里指部队的前进和后退。

㊾深则专，浅则散：言作战于敌国，深入则士卒一致，浅进则士卒涣散。

㊿去国越境而师者，绝地也：离开本国而越过边界进行作战的地区，就叫绝地。此篇中对"绝地"未深究，此文是按上句"浅则散"引发而言。

(51)背固前隘者，围地也：背靠险要之地，前面道路狭窄，进退易受制于敌人的地区，叫做围地。

(52)争地，吾将趋其后：在争地作战，我们要迅速进兵，抄到敌人的后面，以占据其地。

(53)衢地，吾将固其结：遇上衢地，我们要巩固与诸侯国的联盟。

(54)继其食：继，继续，引申为保障、保持。继其食即补充军粮，保障供给。

(55)进其涂：要迅速通过。涂通途。

(56)塞其阙：堵塞缺口。意在迫使士兵不得不拼死作战。

(57)示之以不活：向敌人表示死战的决心。

(58)围则御：被包围就会奋起抵御。

(59)过则从：过，甚、绝。指身陷绝境士兵就会听从指挥。

(60)“是故”至“不能得地利”句：此段话已见于前《军争篇》，此处重复，以示重要。另一说认为此处系衍文。

(61)四五者，不知一，非霸王之兵也：此言九地的利害关系，有一不知，就不能成为霸主的军队。四五者，泛指。

(62)其众不得聚：指敌国军民来不及动员和集中。聚，聚集、集中。

(63)威加于敌，则其交不得合：国家强大的实力形成的压力、兵威施加到敌人头上，使其在外交上无法联合诸国。

(64)不争天下之交：指没有必要争着和其他的国家结交。

(65)不养天下之权：没有必要在其他的国家里培植自己的势力。养，培养、培植。

(66)信己之私：信，伸、伸展。私，指私志，引申为意图。意为伸张自己的战略意图。

(67)隳：音灰，毁坏、摧毁之意。

(68)犯之以事，勿告以言：犯，用。之，代词，指士卒。事，指作战。言，意图、实情。

(69)犯之以利，勿告以害：使用士卒作战时，只告诉士卒有利的条件，而不告诉他们任务的危险性，意在坚定士卒信念。

(70)夫众陷于害，然后能为胜败：只有把军队投置于险恶境地，才能取胜。害，害处，指恶劣环境。胜败，指取胜、胜利。

(71)在于顺详敌之意：顺，假借为“慎”，谨慎的意思。详，详细考察。句意为用兵作战要审慎地考察敌人的意图。

(72)政举之日，夷关折符，无通其使：政，指战争行动。举，实施、决定。夷，意封锁。折,折断,这里可理解为废除。符,通行证。使,使节。句意为决定战争行动之时,要封锁关口,废除通行凭证,不同敌国的使节相往来。

⑦⑬敌人开阖,必亟入之:敌方出现疏隙,己方须不失时机地予以突击。阖,门窗,此处借喻敌方之虚隙。亟,急。

⑦⑭先其所爱:指首先攻取敌人的关键、要害之处,以争取主动。

⑦⑮微与之期:微,不。期,约期。即不要与敌人约期交战。

⑦⑯践墨随敌:践,是遵守、遵循的意思。墨,意为原则。句意为遵守的原则是随敌情而变化。

译文

孙子说:按照用兵的原则,战场可分为散地、轻地、争地、交地、衢地、重地、圯地、围地、死地九种。在本国境内作战的地区,叫做散地;进入敌国境内作战,但没有深入的地区,叫做轻地;我占领对我有利,敌人占领对敌人有利的战场,叫做争地;我可以前往,敌军也可以到来的战场,叫做交地;同时与几个国家接壤,谁先占有,谁就可以先与各国结交、得到援助的地区,叫做衢地;深入到敌国腹地,背后有敌国许多城镇的地区,叫做重地;山岭、森林、险阻、沼泽、水网,以及一切难于通行的地区,叫做圯地;进路狭窄,退路迂远,敌军用少数兵力就可以袭击我大部队的地区,叫做围地;奋起速战就可能生存,否则就可能全军覆灭的地区,叫做死地。因此,在散地不宜轻率地进行战争,在轻地不要停留,在争地不要发动进攻,在交地要保证行军顺序不脱节,在衢地应主动结交邻国,深入重地就要掠取敌国粮食物资,遇到圯地要迅速通过,陷入围地要设奇谋突围,到了死地只有奋勇作战,死地求生。

古代善于指挥作战的人,能使敌军的前队与后队不能互相策应,主力部队与小分队不能相互依靠,长官与士卒不能互相救援,上级与下级失去联络而不能协调,士卒溃散就再难走到一起,集合起来的部队阵形不能整齐。总之,有利于我就战,不利于我就不战。请问:"假如敌人众多而且阵容齐整,向我发起进攻,该怎样对付呢?"回答是:"抢先夺取敌人最重要、最关键的有利地方和东西,敌人就不得不听从我的摆布了。"用兵之道贵在神速,乘敌人措手不及的时机,走敌人意想不到的道路,攻击敌人没有戒备的地方。

进入敌国境内的所谓客军,其作战的一般规律是:深入腹地作战,将士们就会意志专一,敌人将不能战胜我们;在丰饶的敌境内掠取粮草,使全军人马有足够的食物;注意休整,使军队不过于疲劳,凝聚士气,积蓄力量;部署兵力,巧用计谋,使敌人无法揣测我军的动向和意图。把部队投入无路可走的绝境,士兵就会宁死不退。士兵既然连死都不怕,那么,全军将士必然会竭尽全力与敌人殊死作战。士卒们深陷绝境,反而会无所畏惧;无路可走了,军心反而能稳定;越是深入敌境,部队的凝聚力就越强;在被逼无奈的情况下,将士们就会殊死战斗。正因如此,这样的军队不需要修整就会自觉加强戒备,无须强求就能完成自己的任务,无须多加约束便能亲密团结,不需要三令五申,就能遵守纪律,禁止迷信,消除疑虑,部属就能战斗到底而不会逃跑。我军的将士没有多余的钱财,并不是他们不爱财物;他们将生死置之度外,并非是厌恶长寿。出征命令颁布之日,坐着的士卒,眼泪流湿了衣襟,躺着的士卒,眼泪流满了脸颊。使他们处在走投无路的绝境,他们就会像专诸、曹刿一样勇敢了。

擅长统率军队的人,能使部队像恒山的灵蛇“率然”一样。打它的头,它的尾巴就会来救应;打它的尾巴,头就会来救应;打它的腰,头尾都会来救应。请问:“可以让军队也像恒山灵蛇一样吗?”回答是:“可以。”吴国人和越国人本来相互仇恨,但当他们同坐一条船渡河,在遇到风暴时,他们也会像一个人的左手和右手一样相互救助。因此,把马匹缚在一起,把车轮埋起来,强行使动作一致是靠不住的。使全军上下同仇敌忾、英勇奋战如同一人,才是治理军队应遵循的原则。使刚强的和柔弱的都充分发挥作用,能够互相弥补,这是充分利用地理条件的基本原则。所以,善于用兵的人,总是能使全军上下团结协作得像一个人,这是他把士兵放在不得不战的境地了。

主持军政大事,要做到沉着冷静、高深莫测,公正严明而有条不紊。要能蒙蔽士兵的耳目,使他们对军事行动一无所知;变动军队部署,改变原定计划,使别人无法识破机关;经常改换驻地,故意迂回行军路线,让别人无从推断自己的意图。将帅向部属下达作战任务,要像让他登上高处就抽掉梯子一样,断其后路。将帅与士卒深入敌国领土作战,要像扣动弩机射出的箭一样,一往无前;指挥士卒要像驱赶羊群一样,赶他去就去,赶他来就来,而不让他们知道究竟要到哪里去。聚合三军将士,使他们处于险恶的境地,迫使全军拼死奋战,这是将帅统率军队的重要任务。对于九种地形的变化处置,攻防进退的得失利害,以及将士们心理情感的变化规律,将帅们都不能不认真加以研究和周密考察。

在敌国境内作战的一般规律是,越是深入敌国腹地,全军将士便越是专心一致,进入敌国越浅,军心越容易涣散。离开本国越过敌境作战的地区,叫绝地;四通八达的地区,叫衢地;深入敌国的地区,叫重地;进入敌境较近的地区,叫轻地;后有险固前为隘路的地区,叫围地;无路可通的地区,叫死地。因此,在散地,我们就要统一部队的意志;进入轻地,我们就要使阵营紧密相连;进入争地,要使后续部队迅速跟进;通过交地,要谨慎严密防守;面临衢地,要巩固与邻国的结盟;身在重地,要确保粮草供应不断;路过圮地,要加快速度通过;陷入围地,就要堵塞缺口;到死地,就要表现出与敌人死战到底的决心。因为,将士的心理是,一旦陷入了包围,便会奋力抵抗;在迫不得已的情况下,便会拼死奋争;深陷绝境,就会服从指挥。

因此,如果不了解各诸侯国的战略目的,就不能预先与他们结交;不熟悉山林、险阻、湖沼等地形,便不能行军打仗;不使用当地人做向导,便不能得到地形之利。这几方面,有一方面的情况不了解,就不能成为争王称霸的军队。真正强大的军队进攻大国,能使敌人的军民来不及集中动员;威力施加在敌人头上,就使它的盟国不敢与其结交。因此,不必争着与天下诸侯结交,也不用在别的诸侯国培植自己的势力,只要施展自己的战略计策,把兵威施加在敌国之上,就可以攻占他们的城池,攻取他们的国家。施行超越法定的奖赏,颁布打破常规的号令,指挥全军上下就能像指挥一个人一样。向部下布置作战任务,不要向他们讲明意图;只告诉他们有利的条件,无须指出不利因素。把士兵投到最危险的地区,才有可能转危为安,陷士卒于死地,才能起死回生。全军将士陷于危难之中,然后才能赢得胜利。所以,指挥战争,在于假装顺从敌人,却细致了解敌人的战略意图,然后集中兵力攻击敌人的要害,便可以千里奔袭,擒敌捉将,这就是说,巧妙用兵能成就大事业。

因此,在决定对敌宣战、举兵出征时,要封锁关口,废除通行证件,不许敌国使者来往;召集群臣,在朝廷反复商讨征伐大计。敌人一旦出现间隙,一定要迅速乘机而入。首先夺取敌人最看重的战略要地,不应轻易与敌人约期决战。破除陈规,一切根据敌情变化,灵活机动地决定自己的作战计划和行动。因此,在战前要像少女那样娴静,不露声色,诱使敌人松懈,失去警惕,门户大开;一旦战争开始,就要像脱逃的兔子一样,行动异常迅捷,使敌人措手不及,无法抵抗。

战例

【项羽鏖兵解救巨鹿之围】

秦二世二年（公元前208年），项羽杀死了宋义，楚怀王迫不得已，任命项羽为上将军。

这时，秦国正攻打赵国都城巨鹿，赵将陈馀被秦军打败，不敢再战，把军队驻于巨鹿城外，等待观望，秦军则凭其兵多将勇，对巨鹿发起猛攻。巨鹿城内，人心惶惶，日夜不安，守城将士伤亡惨重，粮食又逐日减少，眼见得朝不保夕了。赵王歇、赵相张耳焦心如焚，连夜派人出城，一面促令陈馀迅速出战，一面分别向齐、燕、代、楚等国请求救援。然而，慑于秦军实力强大，不仅陈馀心惊胆怯，不敢出战，驻足不前，就是燕、代、齐国援兵也只进至巨鹿城外，不再前进了。唯有楚国上将军项羽骁勇异常，率军渡过黄河后，即下令全军将士破釜沉舟，每人只带三日干粮，誓与秦军决一死战。楚军将士面临绝地，见主将项羽英勇慷慨，悲壮之情勃然而起，人人怀着必死之心，奋力前进，直抵巨鹿城下。

秦将王离见楚军来救，当即调遣军队，亲往迎敌。两军相逢，秦军还没有展开阵势，楚军便冲来，乱砍滥杀，勇猛异常，秦军猝不及防，竟三战三退。秦将章邯见王离战败，便率大军前往接战，与楚军对阵。这时，燕、齐、代等国援军在自己营中，踞壁观望。远远地望见秦楚两支军马渐渐接近，秦军甲仗整齐，队伍雄壮，颇有泰山压顶之势，而楚军却衣甲简陋，步伐粗疏，三三五五，各自成队，全然不成阵势，只是一股劲儿向秦军阵中猛冲过去。各国将士见此情景，无不为楚军捏一把汗，都以为楚军未经训练，只知一味蛮干，必败无疑！殊不知，这正是项羽用兵之妙。试想，楚军与秦军相比，数量几乎相差一半，如要兵对兵，将对将，搭配均匀，方才动手，楚军简直不够分配，那才真是必败无疑呢！故而项羽从战场情势出发，随机应变，自己身先士卒，命令将士各自为战，不拘形式，只求杀敌取胜。这一边楚军已是破釜沉舟，怀着必死之心前来，见主将冲锋在前，更是奋勇百倍，故能以一当十，以十当百。一时间，真是呼声动天地，怒气冲斗牛，不但在场交手的秦兵挡不住这股劲敌，一个个被吓得胆战心惊，就是作壁上观的各国将士，看了那情景也禁不住目瞪口呆，不寒而栗。秦将章邯本来就曾在项羽手下吃过败仗，这次遇到楚军如此勇猛，自料难以持久，斗了几个回合便下令退兵，这时部队伤亡已是十成有三了。项羽见章邯退去，也下令收兵回营休息，到了夜间，仍严阵以待。

过了一宿，项羽命令将士饱食干粮，再次出战。临出发时，项羽对将士们下令说："今日务必尽扫秦兵。否则，我军粮食已尽，将会全军覆灭。你死我活，就在今日一战！务请诸君拼力杀敌，以求全胜！"楚军将士得令后，一个个信心十足，勇气百倍，才进入战场，便一声呼啸，直向秦军冲去。秦将章邯刚刚上阵便陷入被动，尽管他也鼓励士卒，要与楚军决一雌雄，无奈经过昨日战败，士卒们已经胆怯，不论如何鼓励，总是敌不过楚兵的奋力冲杀。章邯屡次下令前进，秦兵总是进一步退两步，进两步退四步，直到五进五退，已经是溃不成军了。

总之，项羽率军抵达巨鹿城下，与秦军先后大战九次，秦军无一不败，章邯逃回城南大营。而王离勉强守住本寨，不敢出战，项羽便又下令英布、蒲将军领兵策应，自己亲自率军攻打王离，一鼓作气，直捣王离营门。王离被楚军生擒了。

就这样，楚军一举解了巨鹿之围。

【马谡大意失街亭】

三国时期，司马懿用计杀掉叛将孟达后，奉魏主曹叡之令，统率二十万大军杀奔祁山。诸葛亮在祁山大寨中闻知司马懿统兵而来，急忙升帐议事。

诸葛亮道："司马懿此来，必定先取街亭，街亭是汉中的咽喉。街亭一失，粮道即断，陇西一境不得安宁，谁能肩负起此重任？"

参军马谡道："卑职愿意前往。"

刘备在世时曾对诸葛亮说："马谡言过其实，不可大用。"诸葛亮想起刘备的话，心中有些犹豫，便说："街亭虽小，但关系重大。此地一无城郭，二无险阻，守之不易，一旦有失，我军危矣。"

马谡胸有成竹地说道："我自幼熟读兵书，难道连一个小小的街亭都守不了吗？"他又说："我愿立下军令状，如有差池，以全家性命担保！"

诸葛亮见状，不得不任命他，于是让马谡写下军令状，拨给马谡二万五千精兵，又派上将王平做马谡的副手，并嘱咐王平："我知你平生谨慎，才将如此重任委托给你。下寨时一定要立于要道之处，以免魏军偷越。"

马谡和王平引兵走后，诸葛亮还是不放心，又对将军高翔说："街亭东北上有一城，名为柳城，可以屯兵扎寨，今给你一万兵马，如街亭有失，可率兵增援。"高翔接令，领兵而去。

马谡和王平来到街亭，看过地形后，王平建议在五路总口下寨，马谡却执意要在路口旁的一座小山上安寨。王平说："在五路总口下寨，筑起城垣，魏军即使有十万人马也不能偷越；如果在山上安寨，魏军将山包围，怎么办？"马谡笑道："兵法上说：居高临下，势如破竹，到时候管教他魏军片甲不存！"王平又劝道："万一魏军断了山上水源，我军岂不是不战自乱？"马谡道："兵法上说，置之死地而后生，魏军断我水源，我军死战，以一当十，不怕魏军不败！"于是，马谡不听王平劝告，传令上山下寨。王平无奈，只好率五千人马在山的西侧立一小寨，与马谡的大寨形成犄角之势，以便增援。

司马懿兵抵街亭，见马谡下寨在山上，不由仰天大笑，道："马谡守街亭，真是天助我也！"他一面派大将张郃率兵挡住王平，一面派人断绝了山上的水源，随后将小山团团围住。蜀军在山上望见魏军漫山遍野，队伍威严，人人心中惶恐不安，马谡下令向山下发起攻击，蜀军将士竟无人敢下山。不久，饮水点滴皆无，蜀军将士更加惶恐不安；司马懿下令放火烧山，蜀军一片混乱。马谡眼见守不住小山，拼死冲下山，杀开一条血路，向山西逃奔，幸得王平、高翔以及前来增援的大将魏延的救助，方才得以逃脱。

街亭失守，蜀军被迫退回汉中，诸葛亮依照军法将马谡斩首示众，又上表蜀后主刘禅，自行贬为右将军，以究自己用人不当之过。

【谢安淝水退前秦】

公元370年，前秦统一北方后，攻占了东晋的襄阳等地。383年，前秦主苻坚认为一统天下的时机已经到来，调征各地人马八十七万，水陆并进，浩浩荡荡地

向偏安南方的东晋杀来。

东晋孝武帝司马曜慌忙任命丞相谢安为征讨大都督，率兵迎击前秦军队。谢安胸有成竹，他委任谢玄为前锋都督，选派谢石代理征讨大都督，指挥全军作战。

苻坚依靠占绝对优势的兵力想一举攻克寿阳，他派东晋降将朱序到晋营劝降。谢石根据朱序提供的情报，派猛将刘牢之率精兵五千强渡洛水，偷袭洛涧的前秦军队，歼敌一万五千人，东晋军士气大振。谢石、谢玄指挥东晋军推进到淝水东岸，与前秦军夹岸对峙。

苻坚人马众多，后勤补给有困难，一心想速战速决；东晋军担心前秦的后续部队与前军会合，压力会增大，也想乘胜击败前秦军，于是，双方约定：秦军稍稍后退，让出一块地方，让东晋军渡过淝水，展开决战。

苻坚的如意算盘是：待东晋军上岸立足未稳之机，以骑兵冲杀，把东晋军全歼。

决战开始前，苻坚命令淝水前沿的前秦军队稍稍后撤，让东晋军过河。开始的时候，前秦军还有秩序地后退，但片刻之后，阵势立刻大乱。

早已潜伏在后军中的朱序乘机指挥自己的部队齐声呐喊："秦军败了！秦军败了！"前秦军不知虚实，以为真的败了，潮水般地向后拥去。苻坚的弟弟车骑大将军苻融企图阻止前秦军后退，不但没有遏制住前秦军的后退，反而连人带马被后退的人马撞倒，死于乱军之中。

谢石、谢玄决定利用这一千载难逢的好时机，立刻指挥八千骑兵率先杀入前秦军，后面的东晋军一拥而上，奋勇追杀。前秦军溃不成军。

苻坚仓皇北逃，八十七万大军所剩无几。经过这次战争，前秦一蹶不振，没过多久就灭亡了。

【李愬雪夜袭蔡州】

安史之乱后，唐代开始从鼎盛走向衰弱，各地出现了藩镇割据的局面。各地节度使割据一方，独揽军政、财政大权，都想扩大自己的势力，并在实力雄厚之

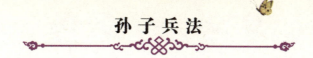

孙 子 兵 法

时抗拒朝廷。藩镇割据势力的发展，进一步削弱了唐王朝的统治。唐王朝为了维持统一的局面，维护中央集权，便在国家财力比较丰厚和边疆形势逐渐缓和的情况下，开始削平藩镇割据。公元807年，唐宪宗顺利地平定了西川、夏绥、镇海三镇的叛乱，开始讨伐淮西、成德的割据势力。李愬奇袭蔡州就是唐朝军队平定淮西节度使吴元济割据势力的战例。在这场奇袭战中，李愬针对士兵因屡战屡败而产生的厌战心理，制定了利用险峻的地形和恶劣的天气袭击敌人的策略，用这些稳定士兵的情绪，坚定他们殊死作战的决心。最终，他的军队在雪夜攻下了蔡州城，活捉了吴元济。这场战斗的胜利，对平定淮西、成德的藩镇割据势力起了决定性的作用。

公元814年，淮西节度使吴少阳病死，其子吴元济继承了吴少阳之职，拒绝了唐朝吊祭使者，并且发兵在今河南舞阳、叶县、鲁山一带四处烧杀掳掠。唐宪宗决定对他用兵讨伐。朝廷调集军队从四面进攻淮西，其中南、北方向的军队曾略有些进展，东、西路军则被淮西军击败。公元815年至公元816年间，唐朝曾多次调整进攻淮西的东、西路军的统帅。朝廷派唐邓节度使高霞寓接任原西路军将领严绥，而高霞寓在朗山的一次战斗中击败了淮西军后，不久就在文城栅（今河南遂平西南）大败。在这之后，再换袁滋接替高霞寓，在仍没有什么进展的情况下，李愬作为唐、邓、随节度使代替袁滋，继续担负从西面进攻淮西的任务。可以说，李愬是在西路军屡战屡败的情况下任职的。

公元817年正月，李愬到达蔡州。当时，唐军在连败之后，士气低落，士兵都十分惧怕作战。李愬上任后对士兵说："天子知道我李愬柔懦，能忍受战败之耻，故此派我来安抚你们。至于攻城进取，那不是我的事。"士卒们听了李愬的这些话，才稍稍安下心来。

李愬针对官兵们的这种心态，首先做了许多安定军心的工作。他亲自慰问士卒，抚恤伤病者。当地由于战乱频繁，大批老百姓逃往他乡。李愬派人安抚当地百姓，用他的军队保护他们。在军中，李愬也不讲究长官的威严，不强调军纪的严整。他此举，一方面安抚了士兵，另一方面也是向敌人佯示无所作为。他的行动果然麻痹了吴元济，吴元济对这位上任前职位不高，也没有什么名气的唐军将领放松了戒备。

在将士情绪稳定之后，李愬开始着手修理器械、训练军队，以提高军队的战斗力。他制定并实行了优待俘虏及降军家属的政策，在先后俘获了吴元济手下

的将领丁士良、陈光洽、吴秀琳、李祐等人后,对他们给予信任,并且委以官职,并通过他们逐渐摸清了淮西军的险易虚实。

当年五月,李愬攻占了蔡州的一些外围要点,并占领了蔡州以南的白狗、汝港、楚城等地,切断了蔡州与附近申州、光州的联络。五月二十六日,李愬派兵攻打朗山,淮西军队前来救援,唐军遭到内外夹击而败阵。他手下诸将都懊丧不已。但李愬并不气馁,他说:"我如果连战皆胜,敌必戒备。此次败北,正可麻痹敌军,为以后攻其不备奠定基础。"他在战后招募了三千士兵,早晚亲自训练,以增加军队的突击力,为袭击蔡州作好准备。

九月二十八日,李愬经周密准备,率军出其不意地占据了关房(今河南遂平)外城,淮西军千余人被歼,其余人退到内城坚守。李愬命军队佯退诱敌,淮西军以骑兵五百追击官兵,官兵受惊欲退,李愬下令道:"敢后退者斩。"于是官兵力战,击退敌军。将士们要乘胜追击攻取其城,李愬认为不可,他认为,如不取此城,敌人必分兵守卫此城,而敌人兵力分散,正好利于夺取蔡州,因此他下令回营。此时,降将李祐向李愬建议:"蔡州的精兵都在洄曲及周围据守,蔡州城内都是些老弱兵卒,可以乘虚直抵蔡州城,等外边的叛军听到消息,吴元济就已经被擒了。"李祐的意见,正好与李愬的想法不谋而合。

十月,李愬见袭击蔡州的条件已经成熟,便开始部署袭击蔡州计划:李愬命随州刺史史文镇守文城栅;命降将李祐、李忠义(即李宪)率三千士兵为前锋,自己率三千人为中军,李进城率三千人为后军,奇袭蔡州。为严守行动秘密,军队从文城栅出发时,李愬没有告知他们行动的目的地,只命令说:往东前进。此日天色晦暗,风雪交加,军队东行六十里后,到达张柴村。李愬率军迅速袭破了这个村子,全歼淮西军布置在这里的守军及通报紧急情况的烽火兵,抢占了这一要地。李愬命令士兵小休片刻,吃点儿干粮,并布置留下五百人截断桥梁,以防洄曲方面的淮西军回救蔡州,另留五百人以警戒朗山方向的救兵。布置完毕后,李愬亲自带领部队乘夜冒雪继续向东急进。众将问其去何方,李愬告之:去蔡州城捉拿吴元济!将士们听了都大惊失色,以为此去必死无疑。这夜的天气异常寒冷,大风夹着大雪,旌旗也被风撕裂,沿路都可看见冻死的兵士和马匹,军队所经的道路非常险峻,尽是官军从未走过的。由于李愬宣布了严格的军纪,因而没有人敢违抗。军队继续行进了七十里,赶到蔡州时,天还没亮。近城处有个鹅鸭池,李愬命令惊打鹅鸭以掩盖军队行进的声音,分散淮西军的注意力。

自从吴少阳抗拒朝廷以来，官军不到蔡州城下已有三十余年了，因此蔡州城的戒备松弛，淮西军未作防范。李愬的军队很快进入了蔡州城并攻占了战略要地。天明雪止之时，有人告诉吴元济说，唐军已至并占领了蔡州。此刻，吴元济根本不相信唐军会来得如此迅速，后来听到李愬的号令，才仓促率亲兵登上牙城（内城）抗击。蔡州民众帮助唐军火烧内城南门，唐军破门擒获吴元济。当时，吴元济的部将董重质拥有精兵数万据守洄曲，李愬派人厚抚董重质的家属，叫董重质之子前往召降董军，使这部分淮西军归顺朝廷。申、光二州的守兵见蔡州已破，也先后投降，平定吴元济之战至此告终。

淮西藩镇平定后，成德方面的割据势力慑于唐军的压力，也上表归顺朝廷。淮西、成德为唐代藩镇割据势力中的强镇，这两个割据势力的削平与归顺，使唐王朝又获得了暂时的统一。

从李愬奇袭蔡州而取胜的过程可以看出，李愬不仅通晓孙子所说的一些重要的用兵原则，如示弱惑敌、速战速决、避实击虚等等，而且他善于根据士兵的心理状态，利用地形、气候等作战条件对士兵心理的影响，确保军队战斗力的充分发挥。这就是《孙子兵法·九地篇》所说："投之亡地然后存，陷之死地然后生。"李愬很清楚他所率领的是一支多次战败、士气受到影响的军队，要想让这支军队有战斗力，就必须将士兵置于恶劣的环境中，那时，"兵士甚陷则不惧，无所往则固，深入则拘，不得已则斗"。所以，他选择了风雪严寒之夜，让士兵"由不虞之道，攻其所不戒"，最后一举成功。李愬的因势利导、因情用兵以及他将兵法原则与地理条件相结合的出色作战指挥，在中国军事史上写下了光辉的一页。

【凡尔登争夺战】

凡尔登要塞距法国首都巴黎仅二百二十公里。要塞正面防御地域达一百一十二公里，纵深十五公里至十八公里，由拥有十一个师、六百三十二门火炮的法军第三集团军守卫。第一次世界大战时，德军为夺取这一战略要地，先后投入了四十六个师的兵力。

1916年2月21日，德军第五集团军首先向凡尔登正面约十三公里长的防御

阵地发起猛攻。德军总共发射了二百多万发炮弹,使用了毒瓦斯和喷火器,还出动了飞机轰炸,终于攻克了凡尔登法军的第一道防御阵地,突破了法军的第二道防线。法军紧急调遣十九万大军增援凡尔登,遏制住了德军的强劲攻势,战斗进行到3月8日,德军只向前推进了四公里。

法军的形势依然十分严峻。就在这时,法军炮兵射出的一发炮弹因操作失误偏离了方向,竟鬼使神差地击中德军隐藏在斯潘库尔森林中的一个庞大的秘密弹药补给基地,引爆了基地中的四十五万余发大口径炮弹。德军的大炮顿时变成一堆废铁。法军抓住战机发起反攻,夺回了一部分阵地。在盟友英国和后备部队的增援下,法国又把第十集团军开入凡尔登,加强了要塞的防卫。

6月7日,德军以二十个师的兵力再次向凡尔登发起攻击。德军向要塞发射了十一万发窒息性毒气炮弹和催泪性毒气炮弹,法军拼死顽抗,双方死伤惨重。战斗进行到7月1日,由于英俄的参战,德军被迫从凡尔登前线抽调兵力去对付英俄,战争的主动权渐渐转到法国人手中。10月24日,法军以十七个师的兵力,在一百五十架飞机和七百多门大炮的掩护、支援下向德军发起反攻,一举夺回了重要的杜奥蒙炮台和伏奥炮台,收复了所有丢失的阵地,历时约十个月的凡尔登战役结束了。

凡尔登战役,法军总计投入六十六个师。在整个战役中,德军伤亡六十万人,法军伤亡三十五万八千人,战斗残酷异常。

法国在凡尔登战役中的胜利打破了德国企图速战速决、进而征服法国的梦想。

【提米斯托克利计赢萨拉米海战】

公元前480年,波斯军侵入希腊,直扑雅典城。然而雅典城内空空如也,一个人都没有。波斯王薛西斯大怒,下令放火烧毁了这座最大、最富庶的城市。那么,居住在雅典城的人都上哪里去了呢?

原来,在希腊一直流传着太阳神的一个预言:希腊的命运要靠木墙才能拯救!根据这个预言,有人主张把居民撤到山上去。可是,雅典杰出的海军统帅提

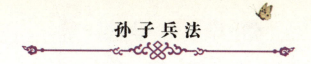

米斯托克利对古老的预言有自己的理解。他认为希腊的未来在海上,太阳神所说的木墙是指大船。因此他建议所有的妇女儿童都坐船到亚哥斯的特洛辛和本国的萨拉米斯岛上去躲避,所有的男人都乘着战船集中到萨拉米海湾。雅典和其他城邦的人都接受了他的建议。

就在波斯陆军直扑雅典的时候,波斯海军也绕过优卑亚岛,掠过阿提卡,来到雅典的外港比里犹斯。他们水陆呼应,大有气吞山河、踏平希腊之势。

面对波斯军队的水陆夹击,集中在雅典城南萨拉米海湾的希腊联合舰队内部却出现了问题。光凭这一点兵力能否打败波斯大军,大家毫无信心。有些城邦的人打算驶离海湾,去保卫自己的家乡。在这个关键的时刻,提米斯托克利建议召开军事会议,商讨作战方略。在会上,提米斯托克利慷慨陈词,指出要想取得胜利必须把战船集中在萨拉米海湾和波斯海军决战上。他说,希腊战船体积小,机动灵活,适合在这个狭窄的浅水湾中作战,加上水兵们在本国海湾作战,熟悉水情、航路、能充分发挥自己的优势;而波斯人正相反,他们战舰虽多,但船体笨重,港窄、水浅的萨拉米海湾能充分限制其优势,而且波斯水手们也不熟悉海湾水情和航路。因此,提米斯托克利断言:"我们的舰队在窄海中作战,可以以少胜多。如果撤出萨拉米湾,在开阔的水面上决战,全希腊都要同归于尽。"尽管提米斯托克利说得很有道理,军事会议也先后开了两次,最终却仍未被采纳。

眼看战机就要失去,提米斯托克利焦急万分。突然,他灵光一现,脑海里闪出一条妙计:为什么不请波斯人来帮一下忙呢?于是,他叫来自己的一个贴身卫士,交给他一封密信,信上说希腊海军人心浮动,不敢交战,都想逃出海湾,让他去向波斯王告密。薛西斯见到密信,十分高兴,立即下令严密封锁海湾,不准放过一条船。至9月23日凌晨,二百艘埃及战舰按时到达海湾西口的指定位置,堵住了希腊舰队的退路,八百多艘波斯战舰排成三列,将海湾东口的海面封锁得严严实实,波斯舰队完成了对希腊舰队的包围。薛西斯把指挥权交给海军将领阿拉米西亚,自己在萨拉米海湾附近的一个山丘上搭起帐篷,准备悠然观战,一副胸有成竹、势在必得的架势。站在他身边,手拿纸笔的史官,也正准备如实记录下波斯海军的辉煌胜利。

就在希腊人为是战还是逃的问题争论不休的时候,一位反对过提米斯托克利的将领突然从门外闯进来大叫:"停止辩论,准备战斗吧!波斯人已经完全把我们包围了。"众人见事已至此,才决心听从提米斯托克利的命令,在萨拉米海

湾同波斯海军决战。被逼到绝境的希腊联合舰队在提米斯托克利的指挥下迅速展开了阵形：科林斯舰队开往海湾西口顶住埃及人的冲击；主力舰队分为左、中、右三队，集中在海湾东口，与波斯主力抗衡。也许是希腊命不该绝，连老天都在帮忙。本来希腊海军只有战船三百五十八艘，而波斯庞大的海军拥有一千二百零七艘战船。但在战役开始前，由于不熟悉天气、航情，波斯海军在实施包围行动时，先后两次遇到飓风，有六百艘战舰随风飘碎，战斗力损失了一半。

战斗开始后，双方战舰在性能上的优劣很快显示出来。雅典的新式三层战舰长四十米至四十五米，一百七十名桨手分别固定在上中下三层甲板上。体积小、速度快、机动性强，吃水浅。而波斯老式挂帆战船，体积大、速度慢、机动性差、吃水深。提米斯托克利发挥自己船小快速的优势，机智地指挥雅典战船不断地向波斯战船作斜线冲击，利用船头一根长约五米的包铜横杆，先将敌人的长桨划断，然后调转船头，用镶有铜套的舰首狠狠冲撞波斯战舰的腹部。敌舰就这样一艘一艘地被撞沉。一番激战后，波斯前锋舰队抵挡不住，被迫后撤。而正从后面增援的波斯战舰并不知道战况，它们笛鼓齐鸣，猛往前冲。由于正值顺风，扬帆而行的后援战舰冲入海湾，正好同后撤的前锋舰只迎头相撞，乱成一团。提米斯托克利见此情景，乘机指挥全军四面出击。波斯舰队进退两难，被冲撞得七零八落，毫无还手之力。海军统帅阿拉米西亚见败局已定，只得狼狈后撤。

这次战役持续了八个小时，波斯舰队被击沉二百艘战船，另外还有五十艘被俘获，可谓惨败，薛西斯不得不面对失败的现实，几天后，除留下一部分兵力在希腊继续作战外，自己率领其余部队退回到小亚细亚。

小百科／XiaoBaiKe

在古代通常称人力抛石机为炮，抛石机纯依赖人力，靠人力在远离投石器的地方一齐牵拉连在横杆上的炮梢。炮梢架在木架上，一端用绳索拴住容纳石弹的套兜，另一端系以许多条绳索让人拉拽而将石弹抛出，炮梢分单梢和多梢。据记载，最多的有七个炮梢装在一个炮架上，需二百五十人施放。

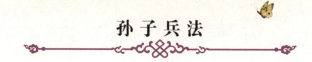

孙子兵法

火攻篇

孙子曰:凡火攻有五:一曰火人①,二曰火积②,三曰火辎③,四曰火库④,五曰火队⑤。行火必有因,烟火必素具⑥。发火有时,起火有日⑦。时者,天之燥也。日者,月在箕(jī)、壁、翼、轸⑧(zhěn)也,凡此四宿者,风起之日也。

凡火攻,必因五火之变而应之⑨。火发于内,则早应之于外⑩。火发兵静者,待而勿攻,极其火力⑪,可从⑫而从之,不可从而止。火可发于外,无待于内,以时发之⑬。火发上风,无攻下风⑭。昼风久,夜风止。凡军必知有五火之变,以数守之⑮。

故以火佐攻者明⑯,以水佐攻者强。水可以绝,不可以夺。

夫战胜攻取,而不修其功者,凶⑰。命曰费留⑱。故曰:明主虑之,良将修之,非利不动⑲,非得不用⑳,非危不战㉑。主不可以怒而兴师,将不可以愠(yùn)而致战。合于利而动,不合于利而止。怒可以复喜,愠可以复悦;亡国不可以复存,死者不可以复生。故明君慎之,良将警之㉒。此安国全军之道也。

注释

①火人:火,此处作动词,用火焚烧之意。火人即焚烧敌军人马。

②火积:指用火焚烧敌军的粮秣物资。积,积蓄,指粮草。

③火辎:焚烧敌军的辎重。

④火库:焚烧敌军的物资仓库。

⑤火队:焚烧敌军的后勤补给线。队,通“隧”,道路的意思。

⑥烟火必素具:烟火,指火攻的器具燃料等物。素,平素、经常的意思。具,准备妥当。此句意为发火用的器材必须经常准备。

⑦发火有时，起火有日：意谓发起火攻要选择有利的时机。

⑧箕、壁、翼、轸：中国古代星宿之名称，是二十八宿中的四个。

⑨必因五火之变而应之：因，根据、利用。五火，即上述五种火攻的方法。应，策应、对策。句意为根据五种火攻所引起的敌情变化，适时地运用军队进行策应。

⑩早应之于外：及早用兵在外面策应(内外齐攻，袭击敌人)。

⑪极其火力：让火势烧到最旺。极，尽。

⑫从：跟从，这里指用兵进攻。

⑬以时发之：根据气候、月相的情况实施火攻。以，根据、依据。

⑭火发上风，无攻下风：上风，风向的上方。下风，风向的下方。

⑮以数守之：数，星宿运行度数，此指气象变化的时机，即前所述"发火有时，起火有日"等条件。句意为等候火攻的条件成熟。

⑯以火佐攻者明：佐，辅佐。明，明显。指用火攻效果明显。

⑰不修其功者，凶：言如不能及时巩固胜利成果，则有祸患。

⑱命曰费留：称为赏不及时。指若不及时赏赐，军费将如流水般逝去。命曰，名为。费留，客财、不及时论功行赏。

⑲非利不动：于我无利则不行动。

⑳非得不用：不能取胜就不要用兵。得，取胜。

㉑非危不战：不在危急关头不轻易开战。

㉒故明君慎之，良将警之：所以明智的国君要慎重，贤良的将帅要警惕。慎，慎重。警，警惕、警戒。

译文

孙子说：火攻的方法一般有五种，一是火烧敌军人马，二是火烧敌军储备的粮草，三是火烧敌军辎重，四是火烧敌军仓库，五是火烧敌军的通道与运输设施。实施火攻必须具备一定的条件，火攻的器材必须事先准备就绪。放火要看准天时，起火要选好有利时机。火攻的天时，是指气候干燥；火攻的时间，是月亮运行到箕、壁、翼、轸四个星宿的时候，凡是月亮经过这四个星宿的时候，就是起风

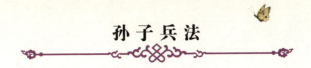

的时辰。

凡是用火攻敌,都必须根据以上五种情况所引起的不同变化,灵活运用兵力接应。如果从敌营内部放火,就应该及早派兵从外部接应攻击。如果敌营内已经起火,但敌军仍然保持镇静,就应该耐心观察等待,而不可马上进攻;等到火势十分旺盛时,再根据情况决策,可以进攻就发起进攻,不可以进攻就停止进攻。也可以从敌营外部放火,这样就不必等待有人从内部接应,只要时机适合就可以放火攻击。火攻应从上风处发起,不能从下风处进攻敌人。白天风刮得很久,到夜晚风就会停止。凡是领兵打仗都必须懂得五种火攻形式的不同变化,并根据天时气候变化的规律,等待火攻的时机。

用火攻辅助军队进攻,效果十分显著,用水攻辅助军队进攻,可以大大增强攻势。水攻可以隔断敌军的阵形、联系和运输,但不能像火攻那样毁灭敌军的兵马和军需。

打了胜仗,占领了敌人的阵地,却不能巩固胜利果实,是很危险的,这就叫做"费留"。所以说,明智的国君应该慎重考虑这一问题,优秀的将帅要认真处理这一问题。没有好处就不要采取行动,没有必胜的把握就不要用兵,不是到了不得已的危急关头就不要开战。国君不能因为一时的气愤而发动战争,将帅不能因为一时的怨恨而出阵交战。只要符合国家的利益,就可以出兵,不符合国家的利益便停止行动。愤怒之后还可以重新欢喜,怨恨之后也可以再高兴,但是国家灭亡了便不复存在,人死了就不会重生。所以,对于战争,明智的国君要慎重对待,优秀的将帅要小心警惕,这是安定国家、保全军队的重要原则。

战例

【赤壁之战】

曹操在公元200年的官渡之战中击败袁绍后,陆续取得了攻取邺城、北征乌桓的胜利,一举消灭了袁绍集团的残余势力,占领了司隶、豫、兖、青、冀、幽、并等州,统一了北方。接连而来的胜利,坚定了曹操早日统一天下的雄心,他开始

孙子兵法

积极准备南下消灭南方的割据势力,统一全国。曹操咄咄逼人的攻势,促成了南方两个主要割据势力——东吴孙权与荆州刘备的联合。孙、刘联军精确地分析了曹军的兵力、作战特点及长处短处、战场条件等情况,找出了曹军不善水战的致命弱点,决定采取以长击短、以火助攻的作战方针,出其不意地以火攻击败曹军,促成了三国鼎立局面的形成,同时也创造了一个以火攻战胜强敌的典型战例。

公元208年春,曹操在邺城修建玄武池训练水军,准备向南方进军。同时派人到凉州拉拢马腾及其子马超,分别授予他们卫尉和偏将军之职,以避免南下进军时他们父子作乱,使其侧后受到威胁。

曹操南下进攻的目标是荆州的刘表和东吴的孙权。荆州牧刘表年老多病,无所作为,只求偏安一方。其子刘琦、刘琮为争夺继承权而相互斗争,内部不稳。在官渡之战时投奔袁绍的刘备这时投奔了刘表,刘表让他屯兵新野、樊城,为自己据守曹军南下的门户。这时的刘备虽寄人篱下,却是雄心勃勃。他乘此机会积极扩充军队,访求人才,争取荆州地主集团的支持。当时他已经拥有了诸葛亮、关羽、张飞、赵云等谋士、猛将,想在时机成熟时取代刘表,占据荆州,夺取天下。曹操南下进攻的另一重要目标是东吴的孙权,孙权当时占有扬州的吴郡、会稽、丹阳、庐江、豫章、九江等六郡,实力较强。孙权拥有精兵十万,在周瑜、鲁肃、张昭、程普、黄盖等人的支持辅助下,其统治基础牢固,内部也比较团结,加上他们拥有长江天险,因此成为曹操统一天下的主要障碍。

曹操顺利地占领了江陵,除获得刘表的降兵八万外,还获得了大量的军事物资。他意欲顺流而下,占领整个长江中下游地区。这时他的谋士贾诩建议利用荆州的丰富资源,休养军民,巩固新占地区,然后再以强大优势迫降孙权。曹操由于一路进展顺利,滋长了轻敌情绪,没有听取贾诩的意见,坚持继续向江东进军。

曹操占领江陵后,不仅刘备感到了即将被消灭的危险,东吴的孙权也感到了战火即将烧到他的身边。局势的发展,迫使刘备、孙权都产生了联合抗曹的意向。这时,东吴派鲁肃前往荆州探听虚实。鲁肃到达夏口时,听到刘琮投降、刘备南撤的消息,他在当阳遇见刘备,建议刘备与孙权联合抗击曹操,刘备欣然同意,并派诸葛亮同鲁肃一起去拜见孙权。

诸葛亮见到孙权后,看出孙权对刘备的实力有所怀疑,便对孙权说,刘备虽

然在长坂战败,但是还有关羽、刘琦率领的水陆精锐两万多人。曹军远道而来,经过长途跋涉,已经很疲乏了,几战之后,其势成强弩之末,没有多大劲头了,而且北方人不习惯水上作战,荆州民众也不是真心归附曹操,如果孙、刘两家能同心协力,联合抗曹,一定能击败曹军,促成三足鼎立的局势。孙权听了诸葛亮的分析,增强了联合抗曹的信心,决定与刘备合作,联手抗曹。

但是东吴内部在如何对付曹操的问题上,存在着两种不同的态度。以张昭为代表的东吴官员主张不抵抗曹军,而鲁肃等人则坚决反对投降。鲁肃劝孙权将周瑜从鄱阳召回商讨对策。周瑜赶回来后,和鲁肃一起力劝孙权坚定抗曹决心。他认为,曹操虽然统一了北方,但是他的后方局势并不稳定。现在曹操舍弃北方军队善于骑战的长处,登上战船与我们进行水战,是以其短击我之长;况且现在适值隆冬,曹军必然会出现给养不足;北方士兵远涉江湖之间,水土不服,必生疾病。这些都是用兵的大忌。曹操不考虑这些不利因素,必然会导致失败。针对曹操的兵力情况,周瑜也作了分析。周瑜说:"曹操号称拥有水军陆军八十万,据我分析,曹操能从北方带来的军队不过十五六万,而且已经疲备不堪;所得刘表的军队,最多七八万,他们心存疑惧,没有斗志。这样的军队,人数虽多但并不可怕。"周瑜请求孙权给他精兵五万,便足以打败曹操。孙权听完周瑜对曹军兵力、作战特点、战场条件的分析,决定与刘备联合抗击曹操。孙权拨精兵三万,任命周瑜、程普为左右督,鲁肃为赞军校尉,率军和刘备军队会合,共同抗击曹操。

刘、孙联军会合后,继续沿长江西上,到赤壁与曹军的先头部队遭遇。联军击败了曹军的先头部队,曹军退回江北的乌林与主力会合,双方在赤壁一带隔江对峙。

曹军的情况正如周瑜、诸葛亮所预料的那样,军中正流行疾病,同时曹军多半不习水性,受不了江上风浪的颠簸。曹操针对这一情况,命令手下将战船用铁索连接在一起,在船上铺上木板,以减少船身的摇晃。这样在船上确实平稳多了,但却彼此牵制,行动不便。曹军铁索连船的弱点,被周瑜部将黄盖发现了,他向周瑜建议说:"我军兵力少,不宜与曹军长期相持,必须设法破敌。现在曹军把战船首尾相接,我们可以采用火攻的方法将他们击败。"黄盖的建议使周瑜受到启发,他制订了以黄盖诈降接近曹营,然后放火奇袭曹军战船以乱曹军的作战计划。他要黄盖写了封降书,派人送到江北曹营。曹操接到降书后深信不疑,还与送信人约定了投降的时间与信号。公元208年秋的一天,黄盖带领十艘大船,向北岸疾驶而去,船上装满浸油的干柴草,外面用布裹上伪装,插上约定的旗号,同时预备好快船系在大船之后,以便放火后换乘。快接近曹军水寨时,黄盖命士兵举火,并齐声呼喊:"黄盖来投降了!"曹军以为真的是黄盖来投降,纷纷走出船舱观望。这时,黄盖的船只已经靠近了水寨,十艘大船的士兵同时放火,冲向曹军水寨,然后跳上小艇退去。这时的天空正刮着猛烈的东南风,顷刻间,曹军的战船都燃烧起来。火势一直蔓延到了岸上,曹营的官兵被这突如其来的大火烧得惊慌失措,在一片慌乱中,曹军士兵被烧死、溺死、互相踩死的不计其数。孙、刘联军乘势猛杀过来,将曹军杀得人仰船翻。曹操被迫率领残兵败将从陆路经华容向江陵方向撤退。在泥泞的道路上,曹军战马陷入泥潭之中,曹操派人到处寻找枯枝杂草垫路,才使骑兵勉强通过。孙刘联军水陆并进实行追击,一直追到南郡。曹操留曹仁、徐晃驻守江陵,乐进驻守襄阳,自率残余部队退回北方。赤壁之战以孙权、刘备联军的胜利和曹操的失败而告结束。

纵观赤壁之战全过程,可见曹操的失败绝非偶然。曹操依仗其优势兵力,在一路进展顺利的情况下难以保持清醒的头脑,产生了骄傲轻敌的情绪,以己之短击敌之长,使自己的优势丧失;在受降的过程中又疏于戒备,面对奇袭惊慌失措,猝不及防,最终导致了失败。而孙、刘联军则善于利用自己的有利条件,在发现敌军的弱点时,果断实施火攻,一举战胜强敌。在实施火攻过程中,孙、刘联军完全遵循了《孙子兵法·火攻篇》中提出的实施原则、步骤与方法,即提前准备好火具,选择干燥而有风的天气。放火之后,乘敌混乱之时以主力配合进攻敌军,做到了"火发于内,则早应之于外"。赤壁之战的以弱胜强,成为《孙子兵法·火攻篇》的成功例证。

【曹彬火烧水寨灭南唐】

公元974年,大将曹彬奉宋太祖赵匡胤之命,统率水军进攻南唐。曹彬连克铜陵、芜湖、采石矶等地,于第二年的正月逼近南唐都城金陵。曹彬挥师进至金

陵城外围,南唐的军队背靠金陵城摆下阵势,南唐的水军扼江而守,一道又一道的栅门,十分坚固,令宋军一筹莫展。

那一年的初春,北风凛冽,曹彬与部将李汉琼观察南唐的水寨,两人便想起了当年周瑜火烧赤壁的战事来。李汉琼大喜道:"何不来一次火烧金陵!"

曹彬道:"如今西北风甚猛,如用火攻,定可将南唐水军所设的栅门烧毁。到那时,我们乘势攻击,南唐水军必然一片混乱,不怕金陵城不破!"

李汉琼道:"此言有理!"于是,两人商定了火攻的具体措施。

李汉琼命令士兵们割取河岸的芦苇装上小船,又在芦苇上浇上油料,将小船驶近栅门,点燃油料。顷刻间,火借风势,风助火威,大火烧毁了坚固的水栅门,小船驶入南唐军的水寨,火焰熊熊的小船迅速引燃了南唐军的战船,南唐水军纷纷跳船逃生。曹彬乘势掩杀,一举攻破南唐水寨,兵临金陵城下。

曹彬对金陵城围而不攻,半年过去,城内连烧饭的柴草也没有了。同年十一月,曹彬命令宋军全力攻城,守城的南唐军将士饥寒交迫,无力抵抗,金陵城被曹彬顺利攻破,南唐灭亡。

【鄱阳湖之战】

元末大地主、贵族、官僚疯狂吞并土地,农民被迫离家出走,沿街乞讨,纷纷破产,在水深火热中煎熬。阶级矛盾日益深刻,饥寒交迫的农民揭竿而起,反抗元朝反动统治。

这时,以陈友谅为首的一支农民起义军力量最强,他为了消灭以朱元璋为首的起义军,特制了几百条战舸,趁朱元璋主力救援安丰,江南空虚之机,以号称六十万的水陆大军包围了洪都(今江西南昌市)。洪都守将朱文正,是朱元璋的侄子,他英勇奋战,坚持月余,力拒强敌。1360年七月,朱元璋一面命洪都守军再坚守一个月,一面命徐达回师应天(今江苏南京市),自己亲率二十万大军救援。朱军首先切断了敌军的归路,又派兵扼守武阳渡(今江西南昌市东),以防陈友谅逃跑。这时,陈友谅听说朱军来援,便撤兵洪都,率军退至鄱阳湖迎战;朱元璋则率军从松门(今江西都昌南)进入鄱阳湖,对敌形成了关门打狗之势。

两军实力悬殊。陈友谅除有数十万大军又有特制的"楼船"数百艘,占绝对优势;而朱元璋的水军全是小船,却军纪严明,所到之处不扰民,奉行"高筑墙,广积粮,缓称王"的方针,深得民心。而陈友谅杀主篡权,自称汉王,已大失人心。因此,战争一开始,朱军士气就很高,上下同心同德,准备与汉军决一死战。1361年四月,朱、汉两军在康郎山(今江西鄱阳湖境内)湖面遭遇。朱元璋的舰队兵分为二十队,每队都配备大小火炮、弓箭等轻重武器。他们切断了敌军的给养补充线,使之粮尽兵疲。然后,看准了敌舰是用铁索连在一起转动不便的特点,及时抓住战机,当机立断,采取火攻。朱军用大量火器焚烧敌方大舰,一舰起火,殃及邻舰。刹时,数百艘战舰陷入火海之中。敌军主帅的两个兄弟和大将陈普略均被烧死。朱军乘胜再次发起猛攻,汉军败退,遗弃的旗鼓器仗浮于湖面。从此,汉军只得收拢残部,由进攻转为防御。当天晚上,朱元璋率兵进驻左蠡(今江西都昌西北),控制江水上游,汉王领兵退保渚矶(今江西星子南)。两军相持三天,汉军屡战屡败,两员汉将见大势已去,投降了朱元璋,敌军内部军心更加动摇,力量也更加削弱了。朱元璋判断敌军可能突围退入长江,乃移军湖口,在长江南北两岸设置木栅,置大舟火筏于江中,又派兵夺取蕲州、兴国,控制长江上游,堵敌归路,待机歼敌。经过一个多月的相持,汉军粮草已殆尽,计穷力竭,打算孤注一掷,冒死突围。八月二十六日,陈友谅企图率军由南湖嘴突围,进入长江以退回武昌。当他们到达湖口时,朱军突然四面猛攻,陈友谅吓得六神无主,心慌意乱,突然,飞来一支箭正射中他的心脏,当即身亡。众将士一看主帅阵亡,立刻乱作一团,溃不成军,纷纷逃回了武昌(今湖北武汉市)。朱元璋率军乘胜西进,于次年二月攻下武昌,陈友谅的儿子陈理被迫投降。

【巧借白鹅守悬崖】

公元前4世纪末,高卢人打败了罗马人,把罗马人逼到罗马城后的卡庇托林山上。卡庇托林山一边是悬崖峭壁,另一边山势较平坦,但也是易守难攻。卡庇托林山的山顶有一座女神庙,罗马人视女神为自己的保护神,长年祭祀她。

高卢人领袖高林带领七万精兵,在向卡庇托林山发起一次又一次进攻均

遭到惨败后，改变了战略，决定长期围困卡庇托林山，想把罗马人饿死在山中。罗马执政官曼里识破了高林的诡计，派了一名叫做波恩的年轻人从悬崖峭壁上拽着葛藤爬下山，去寻求救兵。但他被高卢人抓住，并杀害。高林非常得意，他认为沿着波恩下山的路线爬上山，可以给罗马人致命的一击。

高林选择了一个漆黑的夜晚，挑选了一些敏捷强壮的将士从悬崖下向山顶上攀登。

卡庇托林山一片沉寂。罗马人认为悬崖峭壁高不可攀，因此在悬崖这一边没有设置岗哨。

就在高卢人即将登上悬崖的时候，一阵响亮的"嘎——嘎嘎！""嘎嘎嘎——"的鹅叫声把沉睡中的曼里惊醒。

这些鹅是用来奉献给女神的，虔诚的罗马人被围困多日，宁肯挨饿也要把鹅喂饱。

曼里突然意识到发生了某种危险，握住宝剑就冲了出去——他发现悬崖边有几个黑影。

从睡梦中惊醒的罗马战士也都握着刀剑和长矛冲了出去。

刚刚爬上悬崖的高卢人立足未稳就被赶下了悬崖，跟在后面的高卢人也被英勇的罗马战士用石块和投枪打了下去，高林的阴谋失败了。

从此以后，机敏的鹅成了罗马人最忠实的"哨兵"。

这场战争一直持续了七个月，当寒冷的冬天到来时，高卢人不得不撤离了卡庇托林山，撤回了本土。

为了表示对白鹅的敬意，罗马人尊白鹅为"圣鹅"，并为白鹅在中心广场竖立起巨大的雕像，还抬着白鹅举行盛大的游行。

【"无敌舰队"的覆灭】

15世纪时，西班牙利用海上优势开辟了大片的殖民地，并在殖民地中大量掠夺财物。仅1545年至1560年这十五年间，西班牙海军就掠夺黄金五千五百公斤，白银二十四万六千公斤。到16世纪末，西班牙占有世界贵重金属开采量的

83%。随着社会生产力的不断发展以及资本主义的产生,资本主义社会急需大量钱财来完成原始积累。大量欧洲国家开始扩大海上贸易,抢夺殖民地。在众多欧洲国家中,发展速度最快,扩张殖民地的愿望最强烈的国家就是英国,但无耐西班牙在海上称霸,英国的实力只允许他们依靠海盗集团在海上抢劫西班牙运载金银的船只,并以此牟利,这使西班牙的海上运输受到了严重威胁,损失巨大。

为了维护西班牙的利益,西班牙国王腓力二世曾想通过帮助自己的求婚对象——苏格兰女王玛丽抢夺英国王位来达到控制英国的目的。但英国女王伊丽莎白将玛丽囚禁了起来。在玛丽被囚禁的二十年间,腓力二世曾与英国的天主教徒一起发动数次暴动,想杀死英国女王,但英国女王将暴动全部镇压了下去,并处死了玛丽。腓力二世的阴谋破灭了,他想采用武力征服英国,于是西班牙对英宣战。

1588年7月21日,西班牙将实力强大的"无敌舰队"组建完成,舰队总司令由西多尼亚公爵担任。舰队以打败英国军队进而侵略英国为目的,强势将船开进英吉利海峡。此时,英军也已做好了应对的准备:任命霍华德勋爵任统帅,德雷克任副帅,在作战海军中配备了一百九十七艘战舰、九千多名作战人员,并且配备了大量性能良好、射程较远的火炮。而西班牙舰队的总司令本是陆军统帅,毫无海战经验。西班牙舰队刚出发就遭到风暴袭击,只好返回港口,很多士兵出现了晕船现象,胜利在一开始就偏向了英国方面。

战争在7月22日凌晨的英吉利海峡打响了。英国舰队率先占领了上风向的位置,他们将船一字纵向排开,然后用重炮攻击"无敌舰队"的后卫队。海面上炮声隆隆,很多西班牙战舰上都开始着火。

7月23日,天刚亮,风向发生逆转,"无敌舰队"转而占据了上风向的有利位置,开始猛攻英军舰队。当时英国最大的军舰"凯旋"号遭受重创,但英国军队还是挫败了西班牙舰队登船作战的企图,因为西班牙舰队的炮弹多是加农炮,威力大但是射程短。与此同时,英国舰队的战舰都是根据海盗船设计的,具有极大的灵活机动性,在战舰横过来的时候还可以开炮,因此重挫了西班牙舰队。双方激战一天,"无敌舰队"多艘战舰失去了战斗能力,退出了战斗。

7月25日,战争又打响了,双方经过几个小时的战斗,都耗尽了弹药。梅迪纳公爵决定到加莱补给弹药,而英军的弹药在附近港口快速补充完毕,于26日黄

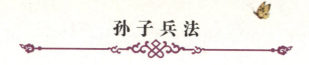

昏又开始了对"无敌舰队"的猛烈攻击。

英军把八艘小船改造成大船,于7月28日凌晨将船点燃,使其能够顺着风向朝"无敌舰队"冲去。大量的西班牙战舰被火船点燃,一时间海面上火光冲天,西班牙舰队已经乱成一团,甚至在撤退过程中开始自相残杀。"无敌舰队"在大火中狼狈逃窜,损失惨重。一部分西班牙军舰想顺风北上,从苏格兰、爱尔兰绕道回国,但英军跟踪他们并对其进行了猛烈进攻,之后在回国途中他们又遭遇了一场大风暴。"无敌舰队"的残余力量绕过大不列颠岛及爱尔兰岛西岸,终于在1588年10月回到西班牙。曾经拥有一百多艘战舰、三千余门大炮,以及三万余人兵力的"无敌舰队",只剩下战舰43艘。上百艘战舰以及一万四千名士兵的损失使西班牙的海上军事实力大受打击。名震一时的"海上霸主"西班牙从此走上了下坡路。而战胜"无敌舰队"的英国则从西班牙手上夺取了海上霸权,崛起在称霸世界的道路上。

小百科 XiaoBaiKe

古代战争中,城池是必争之地,攻城守池也就成为我国古代战争的主要形式之一。我国古代的城池多是封闭式的堡垒状,城墙高大、城门严密,而且还有箭楼、护城河等多种防卫设施。可以说是层层设防,森严壁垒,攻城与守城都是显示智谋和武力的硬战。由于攻城拔寨相对较难,古人就发明了一系列攻城器具,如保障攻城部队通过城外护城河的飞桥、攀登城墙的云梯、用于瞭望的巢车和攻城作业的喷蒉。

用间篇

原文

孙子曰：凡兴师十万，出征千里，百姓之费，公家之奉，日费千金；内外骚动，怠(dài)于道路①，不得操事②者，七十万家③。相守数年④，以争一日之胜，而爱爵禄百金⑤，不知敌之情者，不仁之至也，非人之将⑥也，非主之佐也，非胜之主⑦也。故明君贤将，所以动而胜人⑧，成功出于众者，先知也。先知者，不可取于鬼神，不可象于事⑨，不可验于度⑩，必取于人，知敌之情者也。

故用间有五：有因间⑪，有内间，有反间，有死间，有生间。五间俱起，莫知其道，是谓神纪⑫，人君之宝⑬也。因间者，因其乡人而用之⑭。内间者，因其官人而用之⑮。反间者，因其敌间而用之⑯。死间者，为诳(kuáng)事于外⑰，令吾间知之，而传于敌间也⑱。生间者，反报也。

故三军之事，莫亲于间⑲，赏莫厚于间⑳，事莫密于间㉑。非圣智不能用间，非仁义不能使间，非微妙不能得间之实。微哉微哉！无所不用间也。间事未发㉒，而先闻者，间与所告者皆死㉓。

凡军之所欲击㉔，城之所欲攻，人之所欲杀，必先知其守将、左右、谒(yè)者、门者、舍人㉕之姓名，令吾间必索知之。

必索敌人之间来间我者㉖，因而利之㉗，导而舍之，故反间可得而用也。因是而知之㉘，故乡间、内间可得而使也㉙。因是而知之，故死间为诳事，可使告敌。因是而知之，故生间可使如期。五间之事，主必知之，知之必在于反间，故反间不可不厚也㉚。

昔殷㉛之兴也，伊挚在夏㉜；周㉝之兴也，吕牙㉞在殷。故惟明君贤将，能以上智为间者，必成大功。此兵之要，三军之所恃而动㉟也。

孙子兵法

①怠于道路:怠,疲惫、疲劳。此言百姓因辗转运输而疲于奔波。

②操事:指操作农事。

③七十万家:比喻兵事对正常农事的影响之大。

④相守数年:相守,指相持、对峙。相守数年即相持多年。

⑤而爱爵禄百金:而,如果。爱,吝惜、吝啬。意指吝啬爵位、俸禄和金钱而不肯重用间谍。

⑥非人之将:不懂用间谍执行特殊任务的将领,不是领导部队的好将领。非人,不懂得用人(间谍)。

⑦非胜之主:不是能打胜仗的好国君。主,君主、国君。

⑧动而胜人:动,行动、举动,这里指出兵。句意为一出兵就能战胜敌人。

⑨不可象于事:象,类比、比拟。事,事情。意为不可用与其他事情类比的方法去求知敌情。

⑩不可验于度:指不能用验证日月星辰运行位置的办法去求知敌情。验,应验、验证。度,度数,指日月星辰运行的度数(位置)。

⑪因间:间谍的一种,即本篇下文所说的"乡间"。即依赖与敌人的乡亲关系,获取情报,或利用与敌军官兵的同乡关系,打入敌营从事间谍活动,获取情报。

⑫神纪:神妙莫测之道。纪,道。

⑬人君之宝:宝,法宝。句意为"神纪"是国君制胜的法宝。

⑭因其乡人而用之:指利用与敌国将领之同乡关系作间谍。因,根据,引申为利用。

⑮内间者,因其官人而用之:官人,指敌方的官吏。句意为,所谓内间,就是指收买敌国的官吏为间谍。

⑯反间者,因其敌间而用之:所谓反间,就是指收买或利用敌方的间谍,使其为我所用。

⑰为诳事于外:诳,欺骗、瞒惑。此句意为故意向外散布虚假情况,用以

欺骗、迷惑敌人。

⑱令吾间知之，而传于敌间也：意思是让我方间谍了解自己故意散布的假情报并传给敌方间谍，诱使敌人上当受骗。在这种情况下，事发之后，我方间谍往往难免一死，所以称之为"死间"。

⑲三军之事，莫亲于间：三军中最亲信的人，无过于委派的间谍。

⑳赏莫厚于间：言赏赐没有比间谍所受更优厚的了。

㉑事莫密于间：军机事务，没有比间谍之事更为机密的。

㉒间事未发：发，举行、实施之意。此言用间之计尚未实施开展。

㉓而先闻者，间与所告者皆死：先闻，事先知道，即暴露。即言事情先行暴露，则必然杀掉间谍和知情者，以灭其口。

㉔军之所欲击：即"所欲击之军"，此句为宾语前置句式。下文"城之所欲攻"、"人之所欲杀"句式同此。

㉕守将、左右、谒者、门者、舍人：守将，主将。左右，守将的亲信。谒者，指负责传达通报的官员。门者，负责守门的官吏。舍人，门客，指谋士幕僚。

㉖必索敌人之间来间我者：索，搜索。句意谓必须查出前来我方进行间谍活动之敌谍。

㉗因而利之：趁机收买、利用敌间。因，由，这里有趁机、顺势之意。

㉘因是而知之：指从反间那里获悉敌人内情。

㉙乡间、内间可得而使也：意谓通过利用反间，乡间和内间才能有效地加以使用。

㉚故反间不可不厚也：厚，厚待，有重视之意。五间之中，以反间为关键，因此必须给予反间以十分优厚的待遇。

㉛殷：公元前17世纪，商汤灭夏，建都亳(今河南商丘县北)，史称商朝。后来，商王盘庚迁都到殷(今河南安阳小屯村)，因此商朝又称为"殷"。

㉜伊挚在夏：伊挚，即伊尹。原为夏桀之臣，后归附商汤，商汤任用他为相，在灭夏过程中，伊尹发挥了很大的作用。夏，夏朝，大禹之子夏启所建立的中国历史上第一个奴隶制王朝，共传十七世，至夏桀时为商汤所灭。

㉝周：周朝，公元前11世纪周武王灭商后所建立的王朝，建都于镐京

（今陕西西安市长安区西北）。

㉞吕牙：即姜尚，姜子牙，俗称姜太公。曾为殷纣王之臣。周武王伐纣时，任用吕牙为"师"，打败了纣王。

㉟三军之所恃而动：军队要依靠间谍所提供的情报而行动。

译文

孙子说：发动大规模的战争，出征千里，平民百姓的物资耗费、国家公务的开支费用，每天都需要花费数目巨大的资财。全国上下，也因战争而动乱不安，百姓疲于奔命，不能正常从事生产的，就会有七十万家之众。敌我两军相持数年，为的是有朝一日能取得胜利，所以，那些吝惜钱财，不肯通过用间谍来了解敌情的将帅，实在是没有仁爱之心到了极点。这样的人，不配当军队的统帅，不配做国君的辅弼，也不能成为战争胜败的主宰。英明的国君和杰出的将帅，之所以一出兵就能战胜敌人，取得的成就超过一般人，就在于用兵之前便掌握和了解了敌情。要事先了解敌情，绝不能依靠神鬼的启示，也不能用某些事件现象的类比推测，更不可用日月星辰运行的度数去验证，而只能从那些真正了解敌情的人那里获得。

间谍的运用方式有乡间、内间、反间、死间、生间五种。五种方式同时运用，使敌人不能知道我国用间谍的手段和途径，使敌人感到神秘莫测，这是国君克敌制胜的法宝。所谓"乡间"，是利用敌国居民中的一般人做间谍；"内间"，是利用敌方的官员做我方的间谍；"反间"，是利用敌人的间谍来为我们做间谍工作；"死间"，是制造假情报，通过潜入敌营的我方间谍传给敌方间谍，使敌军受骗（因真情一旦败露，此类间谍难免被杀，故称死间）；"生间"，是指能活着回来报告敌情的间谍。

所以，对于统领三军、用兵打仗的国君和主帅来说，全军上下没有比间谍更为亲近的人，奖赏没有比间谍更丰厚的，交代处理的事务没有比间谍更机密的。不是睿智聪明的人不能使用间谍；不是仁慈慷慨的人不能指使间谍；不是用心精打细算的人，不能获得间谍的真实情报。微妙呀，微妙！没有什么地方不可以使用间谍。如果间谍工作尚未开展就泄露了用间的消息，那么，间谍和告密者都应该处死。

对那些我军想要攻击的地方,想要攻打的城堡,以及准备刺杀的敌方官员,都应该事先了解敌方的守将及其左右亲信、掌管通讯联络和把守门户的官员以及幕僚门客的姓名。对于这些情况,我方的间谍一定要侦察清楚。

必须查出来侦察我方情况的敌方间谍,用优厚待遇和金钱收买他们,对他们进行引诱开导,然后交给他们任务,放他们回去,这样就可以使他们成为反间,为我所用了。有了反间提供的情报,就可培植、利用乡间和内间,同时死间传播的假情报,可以通过反间传递给敌人;也是因为有了反间,我方的生间就可以按预定的时间回来汇报敌情。对于五种间谍的情况,君主必须清楚地知道并应该懂得,其关键在于利用反间,所以,对反间的赏赐待遇不能不是最优厚的。

从前,殷商的兴起,得力于伊尹曾在夏朝做过官;西周的兴起,得力于姜尚曾在殷商为臣。所以,明智的君主和杰出的将帅,使用智慧高超的人做间谍,一定能取得极大的成功。这是用兵作战的要诀,整个军队都要依靠他们提供的情报来决定军事行动。

战例

【良将李牧之死】

李牧是战国时期赵国继老将廉颇之后的著名将领,因长期驻守赵国北方边境和拯救赵国于危难之中有功,受封为武安君。公元前229年,秦王嬴政派大将王翦进攻赵国,赵王迁命李牧和将军司马尚领兵阻击秦军。秦将王翦久经沙场,智勇双全,李牧与王翦战了个平手,交战一年之久,双方各有胜负。

秦军攻战,远离本土,时间长了,后勤供应发生了困难,而且士兵厌战情绪越来越重。秦王嬴政为了尽快结束战争,决心用离间计除掉李牧。

赵国的谋士王敖是受秦王嬴政的命令潜伏在赵国的间谍。王敖接到嬴政的密令后,借故来到王翦的军营对王翦说:“秦王让我们尽快除掉李牧,打败赵国,请老将军给李牧写封信,商议讲和,其余的事情由我来做。”王翦知道王敖是“自己人”,对王敖的话心领神会。王敖走后,王翦立即写好讲和的书信,派使者送给李牧。李牧不知是计,于是回了封信,派使者送给王翦。从此以后,双方的使者频繁往来,为和谈的条件"讨价还价"。

王敖回到赵国都城邯郸,拿出秦王派人送来的金银珠宝广交"朋友",四处活动,王敖早就探知赵王最宠信大臣郭开,平日里经常出入郭开府中,这时更是无日不往。郭开贪得无厌,忌贤妒能,王敖投其所好,奇珍异宝、黄金白银,无所不送。郭开每每设宴款待,酒酣之后,无所不谈。一天,王敖对郭开说:"李牧正在与王翦秘密来往,据说,秦王答应李牧,破赵之后,封李牧为代王……"郭开得知这一消息,认为是向赵王邀宠的好时机,急忙报告给赵王。赵王半信半疑,派人去李牧处察访,果然发现了李牧与王翦来往的许多信件,王敖乘机对赵王说:"李牧驻守北疆,十几万匈奴人都不是他的对手,四年前一场恶战,把占优势的秦军打得大败而退。如今王翦只有几万人马,他却按兵不动,这不是心怀叵测是什么?"

赵王迁认为王敖的话有道理,派使者到李牧大营中传令:升赵葱为大将,接替李牧的兵权。赵葱有郭开做后盾,强行接管了李牧的兵权并将李牧杀害。王翦得知李牧已死,挥兵长驱直入。赵葱指挥不力,一败而不可收拾,还赔上了自己的性命,秦军大获全胜。

【陈平离间项羽君臣】

公元前204年,刘邦被项羽包围在荥阳城中已达一年之久,汉军的外援和粮草通道都被切断。刘邦内外交困,计无所出,便去请教大谋士陈平。

陈平献计道:"项羽为人猜忌信谗,他所依赖的不过是亚父范增、钟离昧、龙且等人。而且,每到赏赐功臣时,他又各啬爵位和封邑,因此士人不愿意为他卖命。大王如能舍得几万黄金,可用反间计,离间其君臣关系,使之上下疑心,引起内讧,到那时我军乘机反攻,定能击败楚军。"

陈平用重金收买楚军中的将士,让他们散布流言:"钟离昧、龙且、周殷等将领功绩卓著,但却不能封王,他们将要与汉王联合……"

谣言传到钟离昧等人耳中,众人大笑,认为这是汉军的阴谋。谣言传到项羽

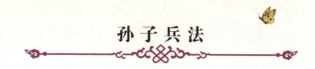

耳中，项羽却起了疑心，不再与钟离眛等人商议军机大事，甚至对亚父范增也怀疑起来。适逢刘邦派使者与项羽讲和，项羽便派使者回访，企图探察谣言的真伪。

陈平听说项羽的使者到了，正中下怀，立刻指使侍从抬着上等的餐具和十分丰盛的食品，待一见到项羽的使者之后，又假装惊讶道："原以为是亚父范增的使者，却是项王使者！"于是匆忙把原物送回，又换上劣等食物及餐具。项羽的使者受到羞辱，回去后便把事情的经过报告给了项羽，项羽的疑心越发加大。

亚父范增不知道项羽对他不再信任，几次三番地劝项羽速取荥阳，否则会夜长梦多，又生他变。项羽故意冷落范增，不理睬范增。范增对项羽忠心耿耿，见项羽竟然疑心自己，气愤地说："天下事成败已定，请君王好自为之，臣年事已高，企退归乡里！"不料，项羽顺水推舟，居然答应他。范增又气又恨，归乡途中，背生痈疽，未等回到故乡彭城，一病死去。

范增离去，项羽对钟离眛等人又不信任，于是陈平又施乔装诱敌之计，让将军纪信冒充刘邦开东城门出降，吸引楚军到东门外围看，而刘邦和陈平等人在众将的掩护下乘西门楚兵空虚之际，大开西门，匆匆逃离荥阳。刘邦成功逃脱，为项羽以后留下了后患，导致后来长达四年的"楚汉之争"。

【石勒用间胜王浚】

东汉以来，我国西北一带的各少数民族便逐渐向长城以内迁徙，开始在辽西、幽州、并州以及关陇等地生活。到了西晋时期，这些少数民族贵族已与汉族人民杂居在一起，许多少数民族贵族深受汉族文化的影响，不同程度地走上了封建化道路。西晋统治集团建立在剥削与压榨人民基础上的腐朽统治，激化了当时的阶级矛盾与民族矛盾。随后不久爆发的"八王之乱"，使得汉族与少数民族人民的生活更加处于水深火热之中，人民纷纷起来反抗西晋政权的统治。这一时期，四川流民暴动，流民起义的队伍在公元304年占领了成都；北方一些少数民族的首领这时也趁着西晋政权的摇摇欲坠而起兵反晋。匈奴贵族刘渊便是在流民占领成都的同年起兵的。当时他已自立为汉王，集结军队，立志要创立如

冒顿单于一般的事业。与他几乎同时起兵的还有汉人王弥、羯人石勒。他们共同推举刘渊为主,给西晋统治者以有力的打击;同时,他们也都拥有自己的割据势力,想在打败晋军的同时,发展自己的势力,以便有朝一日取代西晋王朝的统治。他们当中的石勒后来吞并了王弥,战胜了拥兵幽州的西晋大臣王浚,摆脱了刘氏集团,自立为赵王(历史上称为后赵),成为中国北方出现的十多个少数民族政权之一(即历史上"十六国"之一)。石勒用间智取王浚之事发生在他自立为赵王之前。

石勒字世龙,羯族人,其家族世为部落小帅,到石勒这一代,部落小帅已无待遇可言。为了生活,石勒给商人与地主当过田客,后被西晋并州刺史司马腾捉住送到冀州,贩卖到一个叫师欢的地主家里当耕奴。师欢见这个二十几岁的胡人相貌不俗,善于骑射,又勇敢有谋略,怕他鼓动其他耕奴造反,就把他放了。石勒离开师欢家,投奔了西晋朝廷的养马地——马牧的小头目汲桑,并在茌平一带组成"十八骑"。他们常常出入于专门繁殖名马赤龙、骐骥的场地,到远处劫掠财宝,拿回来贿赂汲桑。

当成都王司马颖挟持晋惠帝失败被废后,他的部将公师藩等起兵赵、魏,要为司马颖报仇。石勒和汲桑就率牧人乘马场马匹共数百骑前往响应。公师藩攻打邺城失败被杀,石勒与汲桑逃回马牧。他们在马牧劫掠郡县,释放囚犯,集山泽亡命之徒,其势力得到扩充。石勒、汲桑在一次战斗中失败,汲桑被晋军杀死,于是石勒带领自己的队伍投奔已在左国城称汉王的刘渊。

石勒投奔刘渊后,在三四年时间内东征西讨,攻城夺地,为汉国立下汗马功劳,成为维护汉国统治的一支劲旅。石勒的势力也在征战中不断发展、壮大。公元311年,投奔刘渊的王弥在其势力得到扩大后,密谋要杀掉石勒,想吞并他的部队。石勒知道后,设计杀掉王弥,兼并了他的全部人马。随着实力的不断增强,石勒称王的野心渐起。但是他表面上仍然服从汉主,同时在他的统治范围内实行优待汉族地主及汉族知识分子的政策,把一批富有统治经验的汉族地主阶级知识分子吸收到自己麾下。他的军师张宾就是其中之一,张宾为石勒建立"后赵"政权起到了极重要的作用。

石勒火并王弥后,将攻击目标转向了西晋幽州刺史王浚。王浚在与石勒交战失败后,曾求助于鲜卑、乌桓人的支持,但鲜卑、乌桓人没有响应。这时,石勒

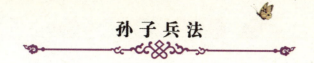

的军师张宾分析了王浚兵势衰弱的境况，指出如果石勒表示归顺王浚，那他一定会喜出望外。因此，张宾建议石勒智取王浚，而不要硬拼。张宾要石勒给王浚写一封措辞谦恭的信，表示与他和好的诚意，并愿意隶属他，扶助他当皇帝。等到王浚对石勒疏于防备时，再乘其麻痹一举消灭他的势力。石勒同意了他的建议，并且马上开始依计行事。

石勒派他的门客王子春、董肇等人带书信和许多珍宝去见王浚。石勒在信中推崇王浚为天子，而自己只是一无名小胡："我所以投身于兴义兵除暴乱的事业，正是要为您扫除障碍。所以诚心希望您顺应天意民心，登基称帝。我石勒崇敬拥戴您就像对自己的父母一样，您也应明察我的诚意苦心，将我像儿子一样看待。"在给王浚上书献宝的同时，石勒还要王子春以重金笼络了王浚的心腹枣高。王浚见石勒归顺于他，分外高兴，把王子春等人封为列侯，并派使者以地方特产答谢他。王浚的司马游统阴谋叛变，派使者骑马向石勒请降，石勒杀了使者，并送给王浚，以此表示自己的诚实无欺。王浚此时更加信任石勒，对他不再存有什么疑心。

不久，王子春等人与王浚的使者一同回来，石勒下令隐藏起武器和精兵，显示出仓库空虚、军队软弱的样子，面向北拜见王浚的使者，接受王浚的书信。王浚送给石勒拂尘，石勒装作不敢拿，把它挂在墙上，每天早晚都要敬拜这拂尘。石勒还派董肇陪王浚的使者回幽州并向王浚上书，约定日期亲自到幽州去奉拜皇帝的尊号。王浚的使者回到幽州，就其所见陈述了石勒将寡兵弱和对王浚诚心不贰的情况。王浚大喜，认为他的确是可信任的。

石勒见王浚已相信了自己，便开始准备袭击王浚。他先收回王子春，打听幽州的情况。王子春说："幽州自从去年遭了大水灾后，人民吃不到一粒粮食，而王浚却把百万粮食屯聚在仓里，不用来救济百姓。他的刑罚又极为苛刻残酷，对百姓征税纳赋十分频繁，残害贤臣良将，诛杀排斥进谏的谋士，下属因不能忍受，逃亡叛变的很多。鲜卑、乌桓在外与他离心离德，枣高、田矫等人在内贪婪横暴，人心忧惧而动摇，军队虚弱而疲敝，而王浚却还要高筑台阁，排列百官，大言不惭地说汉高祖、魏武帝都不足以与他并论。"石勒听王子春谈了幽州饥荒贫困、王浚众叛亲离的情况，决定发兵袭击幽州。但他又怕并州刺史刘琨从背后袭击他，于是他与张宾商量如何应付刘琨。张宾建议利用刘琨与王浚的矛盾，写信与

刘琨讲和,请求刘琨允许他以讨伐王浚来将功补过。石勒按张宾所说,办妥了这件事,稳定了刘琨,解除了后患。

公元 314 年,石勒发兵袭击幽州。石勒率领轻骑兵日夜兼程向幽州进发。石勒军到达易水时,王浚的督护孙纬立即派人给王浚送消息,请示准备抵抗。王浚对他们说:"石公到这儿来,正是要拥戴我当皇帝的,谁再说抗击的话,立刻杀头!"于是,王浚设宴等待石勒的到来。石勒在早晨赶到蓟县,因怀疑城内有埋伏,就先驱赶几千头牛羊,声称是献给王浚的礼品,实际上是堵塞街巷,使王浚的军队不能出战。王浚这时才意识到大势不好,开始坐卧不宁。石勒派手下抓住了王浚,将他送回襄国(石勒的都城,在今河北省邢台市西南)杀死。石勒占据了幽州,吞并了王浚的军队,为不久以后自立为赵王奠定了基础。

石勒吞并王浚的过程,实际上也就是连续用间的过程。石勒的门客王子春作为生间,被石勒派往王浚营中,一方面投书结好王浚,一方面侦察王浚在幽州的政治、军事情况;石勒还以重金收买了王浚的心腹枣高,枣高作为石勒的内间,巩固了王浚对石勒的信任,使王浚对石勒的归顺更加深信不疑;石勒在王浚使者来访时,制造了一些假象让使者回去报告王浚。由于石勒较成功地连续用间,使得王浚完全陷入了错误的认识与判断之中。石勒则因用间而比较全面地掌握了敌军的情况,把握了战机,为他最后的出奇制胜奠定了基础。从石勒战胜王浚的史实中可见,孙子所说的用间的重要性、要领以及方法,石勒都能熟练掌握并灵活运用于战争的实践之中。正因为如此,石勒才取得了幽州之战的胜利。

【以画为间】

宋朝开国以后,宋太祖赵匡胤为了统一全国,开始逐步消灭各地的割据政权。对此,南唐后主李煜非常害怕。他为了保持偏安江南的地位,派人去朝见宋太祖,自动削去南唐国号,贬称江南国主,表示臣服。宋太祖出于全局战略的考虑,同意与南唐和好。

南唐大臣林仁肇常想收复被宋朝占去的江北土地。有一次他奏请李煜:"淮南(今江苏扬州地区)宋朝驻兵很少。宋朝前些时候灭了后蜀,现在又夺取南汉,已经是兵马疲惫了,臣愿领兵数万收复江北旧境。出兵那天,大王可以宣称我反叛了,并故意让宋朝知道。这样,成功了是国家得利,失败了可杀臣的全家,也不至于得罪宋朝。"李煜权衡了双方力量之后,没有听从林仁肇的计谋。

宋太祖十分忌恨林仁肇的威名,决心除掉这个灭亡南唐的障碍。公元972年,宋太祖派间谍去南唐买通林仁肇的随从,盗取了林仁肇的画像,挂在一间屋内,引南唐的使者来观看。宋人问使者:"你认识这个人吗?"使者说:"这是林仁肇。"宋人接着告诉使者:"林仁肇要来投降,先送来这张画像作为信物。"又指着一座空着的公馆对使者说:"这座公馆是为林仁肇准备的。"不久,李煜得到了使者的这个报告,用毒药毒死了林仁肇。三年后,宋朝灭了南唐。

小百科 / XiaoBaiKe

中国古代有多少名弓,现在已不可确知。但是根据历史或传说,我们仍能看到一些威名远扬的弓。比如,三国时吕布辕门射戟的龙舌;黄忠开二石力的万石;北宋时花荣所使的游子;李广所用的灵宝,以及史书上多有见闻的神臂弓。那么,就我们目前所知道的能排前五的弓有哪些?第五名是薛仁贵三箭定天山的震天弓;第四名是轩辕黄帝射杀蚩尤的轩辕弓(又名乾坤弓);第三名是后羿射日的落日弓;第二名是西楚霸王用黑蛟龙的背筋做成的霸王弓;最厉害的弓当属成吉思汗横扫欧亚的射雕弯弓!

图书在版编目(CIP)数据

孙子兵法 / (春秋) 孙武著. -- 杭州：浙江人民出版社，2013.1 (2016.6 重印)
(青少年美绘版经典名著书库 / 崔钟雷主编)
ISBN 978-7-213-05207-1

Ⅰ. ①孙… Ⅱ. ①孙… Ⅲ. ①兵法 – 中国 – 春秋时代 – 青年读物②兵法 – 中国 – 春秋时代 – 少年读物 Ⅳ. ①E892.25–49

中国版本图书馆 CIP 数据核字 (2012) 第 267253 号

孙子兵法

作　　者	(春秋)孙武 著　崔钟雷 编译
丛书策划	钟　雷
丛书主编	崔钟雷
副 主 编	石冬雪　吕延林　王春婷
出版发行	浙江人民出版社
	杭州市体育场路 347 号
	市场部电话：(0571)85061682　85176516
责任编辑	毛江良
装帧设计	稻草人工作室
印　　刷	大厂回族自治县正兴印务有限公司
开　　本	787 毫米×1092 毫米　1/16
印　　张	12
字　　数	19 万
版　　次	2013 年 1 月第 1 版·2016 年 6 月第 4 次印刷
书　　号	ISBN 978-7-213-05207-1
定　　价	19.80 元

如发现印装质量问题，影响阅读，请与市场部联系调换。